빌런의
도시학

빌런의 도시학

조커의 시선으로 바라본 도시계획의 진실

이재혁 · 정동훈 지음

VILLAIN'S URBANISM

서문

 대한민국은 해방 후 산업화 과정에서 발생한 도시의 과밀문제를 해결하기 위하여 아파트 위주의 신도시를 대량으로 양산하는 과정을 반복하였다. 이러한 신도시 개발은 주택 상품의 대중화와 고급화를 견인하였고, 현재 대한민국에서 가장 인기 있는 삶의 터전으로 자리매김하였다. 그리고 이제는 '낙후된(?) 신도시'라는 모순된 공간을 마주하며 살아가고 있는 것이 우리의 현실이다. 신도시의 반듯하게 잘린 가로, 쾌적하게 설계된 공원, 커다란 광장, 고르게 칠해진 외벽 너머에 살아가는 사람들의 감정은 의외로 단조롭기만 하다. 희미한 익명성, 표준화된 일상, 무채색에 가까운 시간이 흐르는 도시의 풍경에 우리는 이미 익숙해져 있다.

 오늘날 대한민국 신도시는 '살기 좋은 도시'라는 공식을 성립시켰다. 하지만, 주택 안정화와 양질의 저렴한 주택 공급이라는 신도시의 개발 취지는 무색하게 수많은 이해당사자의 욕망이 충돌하는 자본주의적 환상에 빠져들기 시작했다. 대한민국에서 신도시는 오랜 기간 돈 되는 사업이었다. 저렴한 가격에 주택을 분양받고 정부의 기반시설 공급으로 인한 시세차액을 남기는 투기의 장이 되었고, 주택보급률이 105.5%가 넘은 2022년에도 대규모 주택공급의 필요성을 강조하고 있다. 새집, 새로운 도시라는 환상 속에서 신도시는 '살기 좋은 도시'라는 개념과 '재테크가 되는 도시'라는 욕망이 병존하는 도시가 되었다. 대한민국이 자랑하는 신도시 개발 시스템과 아파트 상품은 과연 필요한 곳에, 필요한 사람에게, 적절한 품질로, 지속가능하게 공급되고 있는가?

과연 좋은 도시란 무엇인가? 공공성과 효율성, 교통과 상업, 주거의 합리적 배치, 최신 아파트로 도시가 완성된다는 믿음은 여전히 우리의 인식 속에 강하게 남아있다. 도시는 기능의 총합, 기계적 구조물, 쾌적함의 스펙트럼으로 환원된다. 이 과정은 점점 더 엔지니어링적 접근법에 의해 재단되고, 주거는 유통시장의 '돈 되는 상품'으로 전락한다. 정부 정책마저 주거 공간을 투자와 부동산 가치의 척도로만 판단하기 시작했고, 그 결과 신도시마다 거대한 투기세력이 몰려든다. 계획된 도시의 땅은 이윤의 수단으로 변질되었고, 도시의 근본적 가치인 다양성도, 공존도, 감정적 공간도 허락되지 않는다.

원래 살던 원주민은 어디간지 모르고 새로운 계층들이 그 자리를 채운다. 신도시의 입주자 카페와 맘카페를 중심으로 민원의 힘을 발휘하여 선출직 공무원을 압박하고 계획도시를 다시 바꾸어 나가기 시작한다. 정량적으로 계량화된 기능과 규모는 처음부터 잘못된 것인지, 아니면 환경의 변화가 급격하게 이루어진 건지 5년, 10년이 지난 후에는 아무도 책임지지도 고민하지도 않게 된다. 초기에 기획한 도시계획은 도시 기능으로 작동되지 않고, 다시 변경되고 변질되는 도시계획의 현실속에 지금도 대한민국의 신도시는 진행 중이다.

도시는 기능적으로 작동하지만, 도시에 거주하는 인간은 감정적으로 공간을 대면한다. 따라서, 공간은 그 안을 걷는 사람들의 정서적 언어이며, 시대의 감수성이 배어나는 무대다. 쾌적한 신도시는 깨끗하고 안전하지만 인간적인 감정이 느껴지지 않고, 한때 도심의 공동화 현상으로 우범지대로 낙인찍힌 어둡고 퇴락한 장소들이 최근에는 젊은 세대의 감성적 중심지로 새로 태어난다. '힙지', '힙플레이스' 등으로 새롭게 재탄생한 구도심의 도시공간이 많아지고 있다. 을지로의 철공소 거리, 성수동의 공장지대, 부산 초량의 이바구길 같은 '계획 밖'의 장소들이 새로운 도시 경험을 제공하는 이유에는 '감성'을 자극하는 무언가가 있기 때문이다.

『빌런의 도시학』은 바로 이런 질문에서 시작되었다. 왜 사람들은 청결하고 새로 만든 광장보다 오래된 골목을 걷고 싶어 할까? 왜 도시의 뒷편에 있는 골목에서 퇴폐적 감성에 매혹되고, 과거의 기억이 남은 공간에서 정서적으로 공명하는가? 계획도시가 놓치고 있는 것은 바로 시간의 퇴적, 정서적 공명, 기억의 축적이다. 도시를 효율적인 구조물로 바라보기 보다, 시대마다 다른 감정들이 축적된 거대한 심리적 지도로 바라보기를 희망한다. 그 안에는 다양한 도시민의 소외와 분노, 애틋함과 저항이 얽혀 있다. '빌런'이 출몰하는 영화 속 도시의 여러 장소는 그러한 감정들이 겉으로 드러나는 무대이다. 그 공간은 오늘날 도시 거주자들의 감수성과 맞닿아 있기도 하다.

'빌런'은 어원적으로는 도시의 주류가 아닌 비주류, 소외된 자, 핍박으로 인해 분노에 가득한 자로 이해되지만, 현대에서는 살면서 만나는 '부정적인 존재'를 통칭한다. 그렇다면, 도시의 힘 있는 권력자나 부패한 관리, 범죄자, 투기꾼도 도시의 '빌런'이라 할 수 있다. 만약, 도시개발의 정책입안자나 자본가가 자신의 이익이나 권력을 과시하기 위해 약자를 이용한다면, 도시계획의 질서지향은 표면적으로는 다수를 위한 목적에도 불구하고, 결과적으로 그들은 계층갈등을 심화하는 빌런이 되는 것이다. 영화나 문헌의 빌런들도 도시의 중심에서 밀려난 소외된 존재와 권력자, 부패한 관리나 자본가 등 다양한 양태로 우리에게 다가온다. 이러한 '빌런'의 복잡한 속성과 개념의 혼선을 막기 위해 '빌런'의 개념을 보다 단순화하여 분리할 필요가 있다.

『빌런의 도시학』에서는 '빌런'의 개념을 명료화하기 위해 고대부터 이어 온 절대적 힘을 통해 도시를 주도적으로 개발하는 절대권력가와 자본가 등 도시 성장을 주도하는 이들을 **'도시의 승자'** 또는 지배자로 규정하였다. 반면에, 도시에서 외면받고 소외받아 경계부에서 이유 있는 혼돈을 야기하고, 커뮤니티의 정체성과 감정을 분출시키는 이질적인 주체를 **'도시의 빌런'**으로 소개하고자 한다.

권력과 자본을 가진 도시의 승자들은 약자를 철저히 이용하면서 자신의 권력의지와 감정을 여과 없이 도시공간에 표현하고 자신의 상징을 구축하려고 한다. 이들에게 도시의 뒷골목은 오물과 배설의 장소이며, 폐허는 패배의 공간이다. 오직 권력에 복종하는 질서를 구축한다.

반면에 외면받는 도시의 빌런은 도시의 경계, 뒷골목, 지하 공간, 폐허의 장소에서 질서와 규범으로 포장된 도시의 또 다른 얼굴을 드러내고, 도시가 숨기고 싶어 하는 감정과 기억을 되살린다. 특히, 도시의 '뒷공간'은 이들에게 복잡한 감수성이 강렬히 표출되는 특성이 있다. 어둡지만 강렬한 공간이며, 외면하고 싶지만 매력적인 공간이 된다.

『빌런의 도시학』은 영화와 문헌 속 빌런들의 서사를 다양하게 소개하면서 우리가 도외시했던 도시공간의 감성적 정체성 문제를 쉽게 풀어가 보려 한다. 정량화되고 기능적으로 예측가능한 계획도시의 진정한 빌런은 과연 누구인지 생각할 수 있는 계기가 될 수도 있다.

영화 속 빌런의 공간 활용을 이해하면 도시공간의 기능과 사회적 작용에 의한 감성적 경험이 반드시 일치하지 않는다는 것을 알 수 있다. 이를 통해 계획도시가 가지고 있는 문제들에 대해 역설적인 해법을 도출할 수 있을 것이라 기대할 수 있다.

그들은 대중적으로 우리에게 가장 쉽게 다가오고, 그들의 현실은 우리의 감정과 공명한다. 그들이 점유하는 공간과 동선, 행동 방식은 도시라는 무대 위에서 억압된 감정과 사회적 불안, 소외와 저항의 심리적 상징이 된다.

조커는 광기의 계단을 오르며 체제에 대한 분노와 자기 존재의 왜곡된 희극성을 드러내고, 킬몽거는 식민주의 유산에 대한 분노와 정체성의 상실을 도시의 문화시설인 박물관 안에서 폭발시킨다. 베인은 고담의 지하 세계를 통해 통제된 위계질서의 붕괴 욕망을 상징하며, 실바는 런던의 하수도를 이용해 정보 권력에 대한 복수를 감행한다.

이들은 누구보다 도시의 경계와 균열을 민감하게 감지하는 존재다. 균질화된 도시 위계 속에서 주변으로 밀려났기에, 주류적 공간은 배제의 기호가 되고, 비주류적 공간은 해방의 상징이 된다. 빌런들의 공간 선택과 심리적 태도는 우리가 무심히 지나치는 도시의 또 다른 감정 지도를 드러낸다. 억눌린 욕망, 분노, 슬픔, 복수심, 상실감―이 모든 심리적 정서들은 도시의 특정 공간과 결합하며 문화적 의미를 획득한다.

『빌런의 도시학』은 바로 이 지점에서 출발한다. 도시는 더 이상 기능적으로 작동하는 중립적인 배경이 아니며, 다양한 거주자의 이해관계와 복잡한 감성을 표현하는 다채로운 무대이다. 빌런들이 이동하는 동선과 머무는 장소는 사회 구조의 억압과 저항, 개인의 상처와 복원의 상징으로 해석될 수 있다. 그렇기에 영화 속 빌런들의 행위를 따라가는 것은 곧 도시의 숨겨진 감정적 언어와 시대적 감수성을 읽어 내는 또 하나의 방법이 된다.

| 목차 |

서문 ... 4

1부
빌런의 도시 vs 승자의 도시

도시의 승자와 빌런 ... 16

승자의 도시: 질서와 통제의 권력 구조 ... 30

빌런의 도시: 역동성과 회복서사 ... 42

2부
충돌과 공존의 도시사

승자의 도시: 안전성 신화의 위선 ... 62

빌런의 도시: 회복력의 역사 ... 82

도시계획의 딜레마: 질서인가, 관용성인가? ... 105

3부
도시의 빌런은 누구인가

뉴욕: 성장과 배제의 이중성 ... 126

시카고: 도시의 성장과 불평등 ... 130

바르셀로나: 도시브랜딩의 공간적 배제 ... 134

베를린: 도시의 가장자리에서 중심을 만들다 ... 138

홍콩: 영화가 남긴 도시, 사라지는 다양성 ... 142

싱가포르: 질서 아래 숨겨진 다양성 ... 145

4부
영화 속 빌런의 심리와 공간

도시공간이론과 영화적 상상력 … 152

도시, 불안의 배경: 환경심리학으로 본 공간 감정 … 166

빌런이 선택한 공간의 심리적 조건 … 182

5부
영화 속 빌런과 도시 공간

조커의 고담: 광기의 무정부 도시 … 198

그린 고블린과 뉴욕: 고층 사회의 분열 … 202

베인과 폐쇄된 고담: 혁명과 지배의 상징 … 205

킬몽거와 와칸다: 디아스포라의 도시비판 … 208

'아키라'의 네오도쿄: 디스토피아의 도시철학 … 211

더 배트맨 vs 다크 나이트: 빌런의 도시공간전략 … 218

6부
빌런의 도시, 관용과 창조의 도시

도시의 진짜 빌런은 누구인가 … 228

참고문헌 및 출처 정리 … 242

VILLAIN'S

1부

빌런의 도시 vs 승자의 도시

○

빌런(Villain)의 어원적 의미를 보면 빌런은 도시의 중요한 생산과 구조를 지탱하지만 사회적, 정책적 관심에서 소외된 집단이다. 개인화된 악당을 의미하는 영화적 의미의 빌런과는 분명히 차이가 있다. 영화 속 빌런들은 개인의 분노와 악의성을 도시의 익명적 공간에 표출함으로써 자신의 정체성과 사회의 부조리함, 모순과 권력계층의 구조적 악을 세상에 알리려고 하는 하나의 장치로 이해할 수 있다.

○

빌런의 도시가 가진 퇴폐미는 단지 낡고 더럽다는 의미가 아니다. 그것은 시간의 퇴적물, 삶의 분투가 남긴 자국, 그리고 공식 기록이 담지 못한 비공식적인 도시 서사의 집적이다. 깨진 간판, 무단 증축된 건물, 벽면에 덧칠된 그래피티와 그 위에 또다시 덧입혀진 낙서들은 도시를 살아 낸 사람들의 흔적이다.

도시의 승자와 빌런

최근 몇 년 사이 '빌런'이라는 용어가 대중적으로 통용되고 있다. 코믹스를 배경으로 하는 많은 영화-어벤져스 시리즈, 스파이더맨, 배트맨 등-에서 등장하는 악당들을 통칭하여 '빌런'이라고 부른다. 옛 프랑스어인 '빌런(Villein)'의 어원적 유래를 살펴보면, 중세시대 농장(Villa)에서 일한 농장일꾼(villanus)에서 유래된 기아와 가난에 허덕인 농노, 농민을 의미한다. 중세 농민들은 권력자들과 도시민들에게 천대받으면서 먹고살 길이 막막해지자 도둑질과 강도, 약탈 등 온갖 범죄를 일삼으며 도시의 악당으로 낙인찍히게 되었고, 현대에서 도시의 질서와 정의에 도전하는 영화 속 '빌런'으로 계보를 잇게 된 것이다.

영화 속 빌런들이 많이 등장하는 대표적인 도시는 뉴욕, 시카고 같은 대도시이다. 뉴욕처럼 상징적 초고층 빌딩이 즐비하고, 인구가 밀집되어 있는 복잡한 대도시가 빌런들과 영웅들의 활동무대가 된다. 즉, 빌런들이 선호하는 도시는 인구와 경제력이 팽창하면서 도시의 활력과 잉여이익이 충분한 장소이며, 이런 매력적인 도시에 영웅들이 함께 공존하게 되는 것이다. 빌런은 도시의 어둡고 소외된 슬럼가를 배경으로 도시의 불확실성과 무질서를 증가시키고, 배트맨 같은 영웅은 중세 고딕성당 같은 초고층 건축물의 꼭대기에서 도시를 내려다보며 도시의 질서를 지키려 한다. 매력과 성장이 없는 도시에는 빌런도 영웅도 없다.

배트맨이 수호하는 고담시의 빌런들을 보면 빌런이 되기까지의 이유와 사연이 있다. 대부분 도시에서 소외되고 외면받았던 약자였거나, 버림받거나 배신당한 개인이 어떤 계기로 흑화되는 과정을 겪는다. 중세시대 농노들이 가난과 천대를 못이기고 범죄의 길로 들어서는 것과 같은 이치이다.

빌런들의 도시는 무질서해 보이지만, 활력과 매력이 있다. 사람들은 불확실성과 퇴폐미에 흥미를 느끼기 때문이다. 우리가 영웅서사를 보기 위해 영화를 보기도 하지만, 매력적인 빌런의 모습에도 열광하는 이유이다. 도시의 다양성과 복잡성을 유지하면서 통제가능한 중립적인 도시계획을 지향하면서 매력적인 도시의 안정적 성장을 기대할 수 있다.

"도시는 질서의 상징이자 혼돈의 무대다. 그리고 그 혼돈 속에서, 빌런은 태어난다."

우리는 오랫동안 도시를 영웅의 무대로 상상해 왔다. 스파이더맨은 뉴욕의 마천루 사이를 날아다니고, 배트맨은 고담의 빌딩 옥상 위를 활보하며 범죄자와 맞서 싸운다. 도시는 정의가 구현되는 공간으로 그려진다. 그러나 그런 도시 속에는 늘 '또 다른 존재'가 숨어 있었다. 체제가 보지 못하는 곳, 계획에서 누락된 곳, 규범이 닿지 못하는 공간에서 태어나는 이들—바로 '빌런'이며 우리의 모습이다. 영화 '조커'의 후반부에서 모든 사람이 조커의 가면을 쓰고 고담의 혼란 속에 스며든다. 그리고 진짜 조커도 그들 속에서 우리의 내면에 파고들어 간다.

빌런은 단지 악을 대변하는 인물이 아니다. 그는 때로는 체제의 희생자이며, 모순된 인간사회에 살아가는 우리의 모습이기도 하다. 도시는 그런 빌런의 탄생과 활동을 가능케 하는 구조를 갖고 있다. 도시계획은 질서를 목표로 하지만, 그 질서가 만들어 내는 경계 너머에는 언제나 '비질서'의 공간이 존재한다. 이 책은 바로 그 경계, 그 틈에서 탄생한 도시 속 빌런에 주목한다.

최초의 살인자가 도시의 승자가 되다

성경에 의하면 인류 최초의 도시는 최초의 살인자 '가인'에 의해 만들어졌다고 기록되어 있다. 가인은 성경의 세계관에서는 원초적 빌런이지만, 역설적으로 인간의 세계관에서는 경쟁자를 제거한 최초의 승자이다. 가인과 아벨 이야기는 기독교인이 아니더라도 누구나 알고 있는 성경 최초의 인간과 인간 사이의 비극이다. 가인은 하나님이 아벨을 편애한다는 이유로 혈육을 죽인 1급 살인자다.

가인은 자신의 죄악으로 자신도 죽임을 당할까 두려운 나머지 스스로를 보호하려는 목적으로 도시를 세운다. 이것이 도시의 첫번째 존재 이유이다. 외부에서 엄습해 오는 공포와 위해로부터 인류는 뭉치기 시작했고 성을 쌓기 시작했다. 창세기 4장에 가인은 에덴의 동쪽 놋 땅에서 에녹을 낳고, 성을 쌓아 도시를 만들어 '에녹'이라 칭하였다고 한다.

　가인은 농부로서 농경사회를 상징한다. 농경사회는 비옥한 땅에 정착하면서 충분한 잉여생산물을 축적할 수 있다. 농경사회는 절기의 변화와 분업화로 다양한 신을 숭배하고, 기본적으로 자연환경을 극복하고 개척한다는 측면과 상위계층에 부를 축적한다는 측면에서 가인은 성경의 세계관에서는 빌런이지만, 인간의 세계관에서는 승리자이자 영웅이었다.

도시의 승자, 지배자의 기원

　도시는 잉여의 산물이다. 인간이 정착하여 농경을 시작하고, 그 생산물을 저장하고 분배하는 과정에서 자연스레 도시적 삶의 양식이 발생했다. 초기 농경사회에서 도시국가로의 진화는 단순한 인구의 증가가 아니라, 특정 집단이 노동력을 조직하고 생산물의 흐름을 통제하며, 나아가 권력을 제도화한 결과였다. 이 중심에 서 있는 존재가 바로 지배자 계층이며, 그 하부에 도시를 떠받치는 피지배자 계층이 있었다.

 곡물의 재배와 가축의 사육은 도시의 문명화를 가속화하게 된다. 지배자들은 잉여생산물을 축적하기 위해 효율적으로 도시를 운영하고, 농업의 성장을 위해 도시방어와 치수사업, 신전과 왕궁 건설을 위해 대규모 토목사업을 벌였다. 이런 대규모 토목사업은 엄청나게 많은 노동력을 필요로 한다. 잉여생산물의 축적은 도시 형성의 핵심이다. 곡물이 일정 수준 이상 생산되면 이를 저장하고 관리할 수 있는 창고와 공간이 필요해진다. 그러나 중요한 것은 저장된 곡물 자체가 아니라, 그 곡물을 통제할 수 있는 사람이다. 지배자는 대체로 신의 대리자 또는 신성한 혈통이라는 명분을 내세워 곡물과 자원의 분배 권리를 독점했다.

 그들이 도시를 확장하기 위해 가장 먼저 손에 쥔 도구는 '노동력'이었다. 농사를 짓는 손, 제방을 쌓는 손, 신전을 짓는 손. 이 모든 손들은 피지배자들이 제공한 것이었다. 대규모 치수사업이나 토목공사는 자연을 극복하고 농업 기반을 확장하는 핵심 수단이었으며, 이는 도시국가의 생존을 위한 필연적 선택이었다. 하지만 이를 수행할 수 있는 노동력은 자발적 헌신보다는 강제적 동원이 대부분이었다. 전쟁과 약탈, 정복을 통해 노예를 확보하고, 이들로 하여금 도시의 벽돌 하나하나를 쌓게 한 것이다. 노동력은 전쟁과 약탈을 통해 노예를 공급하게 되고, 노예의 관리는 강한 통제력과 힘에 의해 가능하다. 지배자들은 도시를 관리하기 위해 스스로 엘리트 지배계급을 형성하였고 강력한 권력과 통제, 견고한 위계구조를 제도화하였다. 이것이 문명의 시작이다.

특히 종교는 이 지배 구조를 정당화하는 가장 유효한 수단이었다. 신전은 단지 예배의 장소가 아니었다. 그것은 경제의 중심이자 행정의 본부였으며, 도시 국가 전체의 이념적 축이었다. 지배자는 신의 뜻을 대변한다고 주장하며, 신에게 바치는 노동과 세금은 곧 신성한 의무이자 공동체적 정의로 둔갑했다. 피지배자들은 자신의 고된 노동이 신의 기쁨이자 도시의 평안을 위한 봉헌이라 믿게 되었다.

도시가 확장되면서 나타난 또 하나의 특징은 분업과 전문화였다. 농업 외의 활동, 예컨대 금속 가공, 제례 음악, 행정 문서 작성 등은 특화된 직종으로 발전했고, 이들은 지배층과 가까운 계층으로 성장했다. 그러나 피지배자의 다수는 여전히 땅을 일구고 물길을 만들며, 무너진 성벽을 다시 세워야 했다. 도시의 중심과 외곽, 높고 낮음은 점점 더 명확하게 구분되었고, 공간의 위계는 곧 계급의 위계였다.

이렇게 형성된 도시국가는 외형적으로는 풍요와 문명의 상징처럼 보였지만, 그 내부에는 필연적으로 '보이지 않는 손'들이 존재했다. 이들이 오늘날 '빌런'이라 불릴 법한 존재들이다. 겉으로는 도시를 위협하는 불청객처럼 보이지만, 실제로는 도시를 움직이는 숨겨진 엔진이었다. 이들이 없었다면 신전도, 수로도, 왕궁도 존재할 수 없었다. 도시는 지배자의 것이 아니었다. 그것은 수많은 피지배자의 땀과 체념, 그리고 견디는 감정의 층위로 이루어진 것이었다.

도시의 승자, 지배자의 열망

 도시의 기원을 만들고 도시를 개발하고자 하는 지배자의 욕망은 새로운 도시를 만들기도 하고, 기존 도시를 탈바꿈시키기도 한다. 역사상 가장 오래된 신도시로 알려진 그리스의 '밀레투스'는 그리스의 전성기에 만들어진 상업도시로 그리스의 식민도시이다. 새로운 식민도시는 기하학적 격자형태 가로계획을 통해 효율적인 도시인프라(상하수도 시설, 교통망 등)를 적용하며 체계적인 도시 통제구조를 구축하여 피지배자들의 노동력을 효과적으로 징발하거나 도시의 방어에 활용하였다.

 영화 '쿠오바디스'의 최고 악역인 네로 황제는 실제 로마의 악명 높은 권력자로 평가받고 있다. 영화에서도 자신의 예술적 감수성을 위해 로마 시가지에 불을 지르는 악당으로 묘사된다. 영화에서 네로는 로마에 화재를 일으켜 폐허가 된 로마에 새로운 로마를 만들기 위해 대형 모형 앞에서 마치 신이라도 된 듯 상기된 모습을 보여 준다. 실제 네로가 화재를 일으켰는지는 확실한 증거는 없지만, 도시를 새롭게 개발하고자 하는 권력의 속성을 보여 주기에 충분하다.

 로마는 유럽 전역에 강력한 군사력으로 영토를 넓혀 가며 황제의 영향력을 확대해 나아갔다. 실제로 로마의 군대가 점령지에 장기 주둔하며 지역을 식민지화하기 위해서는 요새화된 군사도시, 즉 병영도시를 건설해야 했다. 병영도시는 군대와 가족, 최소한의 인프라를 갖춘 정사각형의 소규모 신도시였다. 대표적인 병영도시는 알제리에 위치한 '팀가드'로 현재 바트나 동쪽 평지에 비교적 잘 보존된 상태로 남겨져 있다.

피지배자 '빌런'의 도시사적 의미

가인이 세운 도시는 분야별로 전문화되고 분업화되기 시작했다. 창세기 4장을 보면 신으로부터 버림받은 가인의 자손들에 대한 족보가 나온다. 야발은 가축을 치는 자의 조상이 되었고, 유발은 수금과 통소를 잡는 자의 조상, 두발가인은 구리와 쇠로 여러 가지 기구를 만드는 자의 조상이 되었다고 기록하고 있다. 고대사회에서 가축 사육과 기구를 이용한 기술의 발전은 농경사회의 급격한 발전을 촉발하는 중요한 요인이다. 또한, '수금과 통소를 잡는 자'는 종교의 발전을 의미한다. 고대 사회에서 음악과 예식은 종교행위로 추정할 수 있으며, 종교는 도시의 강한 결속력과 공동체 의식 고취에 매우 유효한 시스템이다. 결정적으로 권력가의 절대적인 힘은 신으로부터 부여받기 때문에 도시를 통치하는 강력한 시스템으로 작용한다.

도시를 건설하는 거대한 힘은 지역의 풍부한 자원과 전쟁을 통한 노예 공급, 그리고 전문화와 분업화를 통한 효율적인 관리체계다. 동원된 노예의 관리와 대규모 공사를 완성하기 위한 다방면의 전문가가 출현하게 되었는데, 농업에 종사하지 않아도 먹고사는 데 지장이 없는 각 분야 전문가들은 온전히 자신의 분야에 전문성과 기술을 축적할 수 있는 체계가 마련되어 도시 문명의 발전을 촉진할 수 있게 되었다.

　이들이 도시의 하부구조를 구성하고 실질적 도시 성장의 힘이 되는 '빌런의 도시'의 주체들이다. 이들은 지배자가 구축한 도시 공간에 있지만, 그 자체로 도시의 주체로 인정받지 못한 존재들이다.

　하지만 그들은 단순한 피지배자가 아니었다. 종종 도시의 경계나 그림자 속에서 기억을 저장하고, 전통을 유지하고, 작은 저항을 모색한 이들이기도 했다. 도시를 유지하는 자이자, 동시에 도시의 질서로부터 벗어날 가능성을 품은 존재. 도시의 질서가 균열을 일으킬 때, 가장 먼저 그 틈을 인지하고 새 흐름을 만드는 이들이다.

　'빌런'은 단순한 악당이 아니다. 그는 역사 속에서 도시가 억눌러온 감정과 계층, 잊힌 기억, 소외된 노동의 이름 없는 주체를 상징한다. 고대 도시에서의 피지배계층은 단순히 역사적 피해자가 아니라, 도시가 탄생하기 위해 반드시 필요했던 존재였고, 지금도 도시의 경계와 이면에서 지속적으로 재현되는 감정적 존재이다.

　결국 도시의 진정한 힘은 그 내부의 모순과 경계에서 비롯된다. 도시의 확장은 권력의 집중이 아니라, 소외된 계층의 동원과 감내로 이뤄진 결과다. 이처럼 도시국가는 화려한 전면 뒤에 '빌런의 도시'라는 그림자를 가지고 있었으며, 그것이야말로 진짜 도시사의 출발점이라 할 수 있다.

빌런, 도시 서사의 중심으로

고대 도시국가에서 피지배자들은 통치자가 설계한 계획도시의 외곽에서, 권력의 감시와 위계의 경계 안에서 살아갔다. 이들은 신전에 돌을 나르고, 궁전을 짓고, 도로와 수로를 팠으며, 시장을 열고 신들을 위한 제례를 준비했다. 정복 전쟁에서 포획된 노예든, 빚에 몰려 도시에 유입된 하층민이든, 도시공간의 실질적 기능은 그들의 손끝에서 완성되었다. 그렇기에 이들은 '지배의 수단'이었지만 동시에 '도시의 생산 주체'였다.

도시국가의 중심은 종종 신전이나 궁전이었다. 그러나 도시는 물리적 구조물만으로 지속되지 않는다. 피지배자들은 단순한 생산 노동력을 넘어 자기 삶의 조건을 조금이라도 개선하고자 하는 열망을 품었다. 정착지 주변에 모여 살며 시장을 형성하고, 언어와 종교, 전통을 유지했으며, 때론 새로운 문화적 결합을 만들었다.

이러한 삶의 흔적은 도시의 '주변부'를 중심으로 퍼지기 시작했다. 야외시장, 이방인 구역, 장인의 공방, 이교도의 예배당 등은 모두 도시국가의 경계에서 시작되었고, 점차 도시의 확장을 유도했다.

피지배자의 열망은 물리적 성장만이 아니라, 도시의 '의미 구조'에도 영향을 주었다. 초기 도시국가들은 보통 폐쇄적이고 위계적인 구조를 가졌지만, 시간이 지나면서 피지배자들의 경제 활동, 종교 관습, 공동체적 연대가 도시 내부로 스며들었다. 신전 중심 도시가 시장 중심 도시로 전환되고, 단일한 권위 중심 구조가 다원적 커뮤니티 중심 구조로 확대되었으며, 질서 지향의 계층적 도시구조에서 감정·기억이 혼재된 복잡한 네트워크 도시로 성장하게 된다.

결국, 도시의 성장과 확장은 피지배자들의 열망과 감정, 그리고 집단적 생존 전략이 도시 공간을 '의도되지 않은 방식'으로 바꿔 나간 결과였다. 이는 오늘날 도시 계획의 하단부에서 외면되는 '감정의 도시성'이자, '밑에서 올라온 도시학'의 원형이기도 하다. 빌런의 도시는 단지 퇴폐적이고 위험한 장소가 아니라, 우리 사회가 숨기고 싶어 하는 진실을 마주하고 싶은 무의식적 열망의 투영 대상이며, 동시에 자본이 이를 소비 가능한 브랜드로 전환하는 문화적 장치가 되기도 한다.

영화 속 빌런의 도시 공간이 현실에서 브랜드처럼 소비되고, 퇴폐적이고 어두운 장소들이 사람들을 끌어당기는 이유는 그곳이 단지 파괴적인 공간이기 때문이 아니라, 감정과 기억, 욕망과 저항, 역사와 상상이 만나는 복합적 장소이기 때문이다. 이 공간들은 규범의 그림자 속에서 생명력을 유지하며, 사람들에게 질서와 정돈 속에서 결코 만날 수 없는 감정의 밀도와 서사의 진정성을 제공한다.

바로 그 이유로, 사람들은 빌런의 도시를 외면하지 못하고, 오히려 그 안으로 더 깊이 끌려 들어간다. 그곳에서 우리는 억압된 나, 감춰진 도시, 잊힌 역사, 말하지 못한 감정과 다시 마주하게 된다. 그것이 바로 '빌런의 도시'가 감정적으로 살아 있고, 매혹적인 이유다.

빌런의 도시학

 오늘날 도시 발전의 서사는 오랫동안 권력자, 자본가, 정치 엘리트 중심의 시선으로 구축되어 왔다. 고층 빌딩과 스마트 시티, 도시재생이라는 이름 아래 가려진 건 사실상 그곳에 뿌리를 내리고 살고 있던 거주민의 추방과 침묵이다. '빌런'이라는 낙인이 찍힌 이들은 일반적으로 도시 내 비주류, 소외 계층, 저소득층, 또는 기존 질서에 순응하지 않는 이들로 인식되지만, 도시의 한 공간에 뿌리내리고 살고 있는 누구든, 언제 어디서든 빌런화될 수 있다. 우리는 이 '빌런'을 타인으로 바라보거나 가난한 사람들로 이해해선 안 된다. 이들은 도시의 혼돈 속에서도 생존하고, 고유한 문화를 창출하며, 도시를 구성하는 살아 있는 증언자들이며, 시장을 형성하고 정보를 교류하는 우리의 모습이기 때문이다.

 '빌런의 도시학'은 이 낙인찍힌 존재들을 단순히 범죄자나 문제적 인물로 보는 시선을 거부하고, 그들이 처한 사회 구조적 맥락 속에서 일반적인 우리의 모습을 드러내려는 시도다. 하지만 이제 우리는 한 걸음 더 나아가야 한다. 그것은 바로 이 빌런들을 도시 발전 서사의 주체, 즉 역동적인 '빌런의 도시학'의 중심으로 재배치하는 패러다임의 전환이다.

 '빌런의 도시학'은 도시를 단순히 생산성과 효율성, 투자의 대상으로 보지 않는다. 그것은 도시를 '사는 공간', '사는 사람들'의 일반인의 시선으로 바라본다. 혹, '빈자의 도시학'이라는 개념은 '오리엔탈리즘'처럼 '빈자'를 타자화하여 이질적이고 신비로운 대상으로 왜곡하여 지배논리의 명분으로 대상화할 가능성이 있다. 빌런의 도시학은 빌런의 역동성을 강조하고 회복탄력성을 가진 도시의 중심을 향해 진입하는 도시의 실질적인 창조자이며, 공간을 살아 움직이게 하는 평범한 도시민으로서의 주체로 바라본다.

이러한 전환은 도시계획의 담론에도 중대한 함의를 던진다. 가령, 도시 재개발은 더 이상 '낙후된 지역 정비'라는 이름으로 무조건 받아들일 수 없다. 그것은 누군가의 삶을 지우고, 공동체를 해체하며, 기억을 밀어내는 폭력일 수 있다. 빌런의 도시학은 바로 이 점에서 기존 도시 발전 담론에 균열을 내고, 새로운 도시의 윤리를 요청한다. 그것은 "누구를 위한 도시인가"라는 질문에서 출발하며, "모두가 도시의 주인일 수 있는가"라는 대안으로 나아간다.

빌런은 더 이상 도시 질서의 교란자가 아니라, 그 질서가 외면했던 진실을 말하는 자다. 그는 도시의 그늘에서 살아온 자, 제도 밖에서 존재해 온 우리의 모습이며, 그 삶은 우리 도시가 감춰 온 현실 그 자체라고 할 수 있다. 우리가 '빌런의 도시학'을 통해 그들의 삶을 중심에 두려는 이유는, 도시의 진짜 주인을 드러내고 기존의 도시계획적 패러다임을 전환하기 위함이며, 더 인간적이고 포용적인 도시를 향한 첫걸음을 내딛기 위함이다.

도시는 그 안에 사는 사람들의 이야기로 이루어진다. 이제 우리는 도시를, 그리고 그 서사를 다시 써야 할 때다. 도시의 빌런은 바로 우리의 삶을 살아가고 있는 거울이다. 빌런이 우리의 인식과 삶의 한가운데 스며들어 있고 우리가 빌런의 모습을 하고 있다면, 도시 서사의 주인공도 바로 우리가 되어야 한다.

승자의 도시: 질서와 통제의 권력 구조

 도시는 문명의 상징이자 동시에 억압의 기제이다. 도시의 기원은 집단의 생존을 위한 효율적 공간 조직에서 시작되었지만, 그 이면에는 계급적 분화와 통제의 의지가 구조화되어 있었다. 우리가 오늘날 바라보는 깨끗하고 정돈된 도시의 이면에는 수많은 갈등, 배제, 감시, 통제가 뿌리내리고 있다.

도시권력과 문명의 구조화

 메소포타미아 문명의 우르, 인더스 문명의 모헨조다로, 이집트의 테베는 모두 초기 도시 문명의 사례로 손꼽힌다. 이들 도시의 공통점은 특정 계급이 공간적 중심에 위치하고, 주변으로 노동 계층이 배치된다는 점이다. 왕궁, 신전, 행정기관은 높은 곳이나 도시 중심에 위치하고, 그 아래로 일반 시민들의 거주 공간이 분포한다. 이러한 수직적 공간 배치는 도시가 권력의 시각적 구조물이자 물리적 위계 장치로 작동했음을 보여 준다.

성경에서 인간의 죄악의 산물인 바벨탑 이야기는 도시권력과 문명의 등장을 알리는 두가지 전승으로 알려져 있다. 첫째는 바벨탑이 바빌론 제국의 지구라트를 의미한다는 것이고, 두번째 전승은 노아의 저주받은 자손인 거인족 '니므롯'에 의해 건설된 강력한 도시라는 설이다.

바빌로니아는 메소포타미아 지역을 석권한 고대왕조로 바빌론이 수도로 알려져 있다. 고대 바빌로니아는 '함무라비 법전'으로 잘 알려진 함무라비 대왕의 시기에 본격적인 제국의 면모를 갖추게 된다. 역사적으로 기록된 신바빌로니아는 성경에도 등장하는 느부갓네살 2세가 건국한 거대한 제국인데, 바벨탑 이야기가 어느 시기를 배경으로 하는지는 명확하지 않다. 학계에서는 바빌로니아 제국의 지구라트와 공중정원이 존재했다는 사실에 착안하여, 지구라트가 바벨탑을 의미하는 것이라 주장하기도 한다. 이러한 주장의 사실 여부를 떠나서, 성경의 바벨탑 이야기는 바빌론이라는 글로벌 도시의 위상과 쇠퇴를 이해하는 데 도움을 준다.

글로벌 도시 바빌론의 바벨탑이 상징하는 것은 권력의 집중화와 세계화다. 이상도시가 유토피아라 하면 암울한 도시 디스토피아를 상징하는 것이 성경의 바벨탑 이야기이다. 인류가 하나님에 대항하여 만든 초고층 인공구조물은 죄악이 상징이 되었고, 세계를 지배하는 절대권력을 탐하는 절대 악의 상징으로 묘사된다.

예로부터 가장 높은 건축물은 시대의 가장 강력한 힘을 상징한다. 바벨탑을 건설할 때 모든 사람들이 하나의 언어를 사용했다고 성경은 기록하는데, 이는 단일 권력이 강력한 지배체계를 유지했다고 해석할 수 있다. 신에 대응할 강력한 힘을 가진 지배자는 초대형 토목사업을 추진하기 위해 풍부한 자원과 인력을 마음대로 활용할 수 있어야 한다.

창세기 10장에 의하면, 바벨을 건설한 인물은 구스의 아들 '니므롯'으로 기록되어 있다. 니므롯은 '첫 용사'라 칭해지며, 용감한 사냥꾼으로 자연적 위협에 적극적으로 대처하는 인물로 이해할 수 있다. 최초의 살인자 가인은 스스로를 보호하기 위해 성을 쌓았지만, 니므롯은 보다 적극적이고 공격적으로 도시를 확장해 간다. 니므롯은 큰 나라를 이루고 큰 성읍을 건설하였다고 하였으니, 주변 도시를 통합하고 세계화를 추진한 대도시의 바벨탑을 건설한 주체로 이해할 수 있다. 이는 바벨탑의 종말을 기록한 부분에서 동일한 언어를 사용했다가 바벨탑 붕괴이후 각각의 민족들이 흩어져 다른 언어를 사용하게 됐다는 부분에서 바벨의 강력한 지배와 세계화를 역설적으로 설명하고 있음을 알 수 있다.

아무리 강력한 힘을 가진 도시의 승자라도 신은 인간의 도전을 용서하지 않는다. 결국 바벨탑은 무너지고 도시권력자의 세계화 지배 욕망은 각기 다른 언어를 가진 민족으로 뿔뿔이 흩어지면서 실패하고 만다. 하지만 지배자의 욕망은 흩어진 민족에게 전승되어 전 세계로 뻗어나가 그들의 권력에 대한 욕망과 도시 건설을 계속 이어 나가게 된다.

도시계획과 권력의 역사적 결합

도시계획과 권력은 도시의 기원부터 밀접하게 결합되어 있었다. 도시가 단순한 거주지나 상업적 중심지를 넘어서 통치와 지배의 수단으로 기능해 왔다는 점에서, 도시계획은 언제나 권력의 구조를 반영하는 공간적 실천이었다.

고대 문명부터 살펴보면, 도시의 형상은 신과 왕의 권위를 드러내기 위한 상징적 구조로 설계되었다. 예를 들어, 메소포타미아의 우르나 이집트의 테베는 거대한 신전과 왕궁을 중심으로 방사형으로 설계되었으며, 이는 도시 공간이 신성한 질서의 투영임을 나타낸다. 이러한 구조는 도시의 중심과 주변을 분리하면서, 권력의 위계를 명확히 시각화했다.

로마 제국은 도시계획을 제국 확장의 전략으로 활용한 대표적 국가이다. 로마의 '카르도(Cardo)'와 '데쿠마누스(Decumanus)'라고 불리는 직선 도로 체계는 로마의 식민도시가 정복지 곳곳에 동일한 질서와 규율을 심는 수단으로 사용되었음을 보여준다. 이는 도시가 단지 거주의 공간이 아니라, 제국의 권력 질서를 공간적으로 반복·복제하는 매트릭스였음을 의미한다.

중세 유럽 도시들은 종교적 권위와 정치적 권력이 결합된 공간으로 발전하였다. 성당과 왕궁이 도시의 중심이 되었고, 아름다운 광장은 권력의 상징물을 더욱 돋보이게 한다. 도시를 둘러싼 성곽은 외부의 위협뿐 아니라 내부 질서 유지의 수단으로 기능했다. 이러한 구조 역시 도시 공간이 권력의 통제를 전제로 구성된다는 점을 잘 보여 준다.

근대에 들어서면서 도시계획은 점점 더 합리성과 효율성의 이름으로 정당화된 권력의 수단이 되었다. 19세기 파리에서 오스망이 시행한 대규모 도시 재편은 질서와 위생을 명분으로 내세웠지만, 실제로는 정치적 시위와 저항세력을 도시공간에서 제거하고 군대의 진입과 통제를 용이하게 하기 위한 전략이었다. 넓은 대로와 일직선의 거리들은 '아름다운 도시'를 표방했지만, 그 이면에는 감시와 통제의 기획된 구조가 자리하고 있었다.

20세기 모더니즘 도시계획은 권력의 욕망이 가장 극단적으로 공간에 구현된 사례이다. 르 코르뷔지에는 "도시는 기계처럼 작동해야 한다"고 주장하며 고밀도의 고층건물, 기능별 구획, 교통의 효율성 등을 앞세웠다. 그의 이상은 브라질의 브라질리아와 같은 신도시 설계에 직접 반영되었지만, 실제로는 비인간적이고 비감정적인 도시공간을 만들어 냈다는 평가를 받는다. 여기서 도시계획은 기술적 통제와 완벽한 관리의 욕망이 응집된 권력 구조의 산물이 된다.

현대에 들어서는 스마트시티, 재개발, 도시재생이라는 이름으로 여전히 도시계획은 '자본'이라는 보이지 않는 권력의 작동 메커니즘이 된다. 거주민의 욕구나 기억보다는 자본, 투자자, 기업의 이해에 의해 설계되는 도시공간은 도시를 투자자산으로 환원하고, 이에 따라 다양성과 감정은 배제된다.

결론적으로 도시계획은 단지 공간을 구성하는 기술적 작업이 아니라, 권력의 작동방식을 시각적으로 조직하는 실천이다. 도시의 형태와 기능, 구조 속에는 시대의 권력관계, 통치 전략, 지배 이념이 스며 있다. 따라서 도시계획의 역사란 곧, 도시를 통해 누가, 무엇을 위해, 어떻게 권력을 행사했는가에 대한 기록이기도 하다.

도시는 누구의 것인가? : 통제와 공간점유

도시는 누구의 것인가? 이 질문은 단순한 공간의 소유 문제를 넘어 도시 공간의 설계와 활용에 누가 영향력을 행사하고, 어떤 기준으로 도시가 만들어지는가를 묻는 깊은 물음이다. 도시의 물리적 공간은 언제나 사회적 관계와 권력구조의 산물이며, 이 안에서 '통제'는 도시 형성의 중심축이었다.

도시가 출현한 고대부터 도시는 단순히 사람들이 모여 사는 장소가 아니라, 질서를 부여받고 감시될 수 있는 구조물로 진화해 왔다. 초기 도시에서 중심부는 신전, 궁전, 행정기관과 같은 권력의 중심이었으며, 이로부터의 거리와 접근성은 사람의 위계와 통제를 공간적으로 시각화하는 도구가 되었다. 도시의 설계는 통치자나 종교 권력에 의해 주도되었고, 시민은 그 안에서 위치를 부여받는 존재였다.

중세 도시는 성벽 안과 밖이라는 명확한 이분법을 통해 도시민과 외부인을 구분하고, 물리적 경계를 통해 사회적 통제를 강화했다. 도시의 성문은 통행을 제한하고, 밤에는 닫혔으며, 외부의 위협뿐 아니라 내부의 질서를 유지하는 장치로 활용되었다. 도시란 곧 '질서를 위한 그릇'이자 '통제를 위한 무대'였다.

근대 도시로 넘어오면서 통제는 더욱 정교하고 보이지 않는 형태로 진화했다. 미셸 푸코는 도시를 '규율사회'의 핵심 무대로 보며, 감시와 훈육의 공간으로 규정했다. 그가 주장한 파놉티콘(panopticon) 개념은 감시자가 한곳에 위치하고 있지만, 감시당하는 사람은 언제나 자신이 관찰당하고 있다고 느끼는 구조다. 이러한 논리는 근대 도시의 형성과 완전히 맞물린다. 넓은 대로, 규칙적인 블록, 균질적인 주거지 배치는 시민의 동선과 활동을 예측 가능하고 관리 가능한 방식으로 제한한다.

19세기 파리의 오스망 재개발은 이 흐름의 상징적인 사례다. 그는 폭넓은 대로를 만들어 군대가 빠르게 진입할 수 있도록 하고, 좁고 복잡한 골목을 철거함으로써 저항의 가능성을 도시 공간에서 제거했다. 이는 공공의 위생과 미화를 명분으로 삼았지만, 실질적으로는 정치적 통제의 강화 수단이었다. 이처럼 도시의 통제는 보건, 미학, 효율성 등의 이름을 달고 진행되지만, 본질적으로는 주민의 행위, 위치, 감정까지 규정하는 권력의 표현이다.

현대 도시에서는 이러한 통제가 기술과 결합하여 더욱 정교해지고 있다. 스마트시티는 효율성과 편리함을 약속하지만, 동시에 데이터 기반의 통합 감시 체계를 구축한다. CCTV, 얼굴인식, GPS 추적 등의 기술은 도시를 보다 '안전하게' 만든다지만, 동시에 자율성을 제약하고 감시를 일상화한다.

또한, 도시계획은 자주 시민의 의견보다는 개발업자, 공무원, 정치 권력의 판단에 의해 결정된다. 이 과정에서 도시는 시민의 것이 아니라, 자본과 권력의 것이 된다. 재개발로 인해 삶의 터전을 잃는 원주민, 임대주택에서 소외되는 저소득층은 도시가 누구의 것인지에 대한 질문에 냉혹한 답변을 던져 준다.

결국 도시는 권력을 가진 자가 그리는 청사진에 따라 설계되고, 그에 따라 삶의 형태가 결정되는 공간이다. 도시가 누구의 것이 되어야 하는가에 대한 질문은 단순한 정치적 투쟁을 넘어서, 우리가 어떤 삶을 원하는가, 누구와 함께 살고 싶은가에 대한 공동체적 상상력의 문제이기도 하다. 통제를 위한 도시가 아닌, 기억, 감정, 다양성이 공존할 수 있는 도시를 어떻게 만들 것인가가 오늘날 도시계획의 진정한 과제가 되어야 한다.

승자의 도시계획

승자의 도시계획이란 개념은 단지 극단적 정치 이념과 관련된 용어가 아니라, 공간을 통해 권력과 질서를 강제하고, 시민의 자율성과 다양성을 외면하는 도시계획의 비민주적 성격을 비판한다. 이 개념은 도시가 더 이상 시민의 삶의 표현이 아니라, 소수 권력자나 전문가의 설계도에 따라 획일화된 삶의 틀을 강요받는 구조가 되었음을 지적한다.

푸코(Michel Foucault)는 도시의 질서가 단지 물리적 질서가 아니라 몸과 행위를 훈육하는 '권력의 미시적 장치'라고 보았다. 푸코는 『감시와 처벌』에서 "감시는 권력의 가장 정교한 형태"라고 말한다. 그는 감옥, 병원, 학교, 군대 등의 제도들이 어떻게 인간의 몸과 행동을 규율하는지 설명하며, 도시도 동일한 원리로 움직인다고 보았다. 도시의 도로망, 건축물 배치, 공공공간의 설계는 단지 기능적인 구조가 아니라, 개인의 이동을 예측 가능하게 하고 행동을 통제하는 감시의 기제다. 푸코가 말한 판옵티콘은 도시 전반에 이식된 통제 장치의 은유다. 현대의 도시계획은 이 감시적 도시 구조를 더욱 정교하게 발전시켰으며, 계획된 도시 공간은 시민의 자율성을 거세하고 무의식적인 자기 규율을 유도한다. 도시의 구조는 곧 권력의 형태이고, 계획은 그것을 눈에 보이지 않게 실현하는 수단이다. CCTV, 순찰경로, 출입동선, 계단과 엘리베이터 위치 등은 도시가 사람을 어떻게 움직이고 제한할 것인가를 설계하는 미세한 통제의 체계이다. 이는 도시계획이 단순히 공간을 조성하는 작업이 아닌, 삶 자체를 '계획'하려는 통제 욕망의 표현임을 시사한다.

제임스 스콧은 『국가처럼 보기(Seeing Like a State)』에서 도시계획이 지닌 통제의 본질을 드러낸다. 그는 근대국가가 도시를 '보기 쉬운 것(legible)'으로 만들려는 시도를 통해 도시의 다양성과 복잡성을 제거해 왔음을 지적한다. 과거의 자생적 도시공간은 비정형적이고 다층적인 삶의 층위를 가지고 있었으나, 근대 이후 도시계획은 이질적인 것들을 일렬로 정리하고, 단순한 그리드와 계량 가능한 블록 구조로 변해 왔다. 이 '보기 쉬움'은 행정적 효율성과 통치를 위한 조건이지만, 동시에 삶의 자율성과 예외성, 비공식성, 공동체적 유대를 제거하는 폭력적 도구이기도 하다. 도시의 다양성과 불확실성은 위험 요소가 아닌 창조성과 회복탄력성의 원천인데, 계획은 그것을 제거한다. 스콧은 이러한 과도한 계량적 도시계획이 실패로 귀결된 수많은 사례들—브라질리아, 소련의 신도시들, 대규모 택지개발—을 통해, 공간을 단순화하려는 국가의 시도가 결과적으로는 도시의 생명력을 갉아먹는다는 점을 강조했다.

데이비드 하비는 도시계획이 단지 공간의 조직화가 아니라 자본의 축적을 위한 '공간의 생산'이라는 점을 강조한다. 『신자유주의와 도시』에서 그는 도시계획이 자본가 계층에게 유리한 방식으로 공간을 조직하면서, 계급 간 격차를 고착화하고 재생산하는 데 기여한다고 설명한다. 현대 도시에서 공공 공간은 점점 사유화되고, 주거는 자산으로 전환되며, 도시는 '살기 위한 공간'에서 '사야 할 상품'으로 변화한다. 이 속에서 도시는 계층적 위계구조에 따라 나뉘고, 저소득층은 도심에서 외곽으로 밀려나며, 고급 주거지역은 치안과 쾌적함이라는 이름으로 철저히 계급화된다. 하비에 따르면 도시계획은

'공간의 정치경제'를 구현하는 장치로서, 자본주의적 질서와 권력의 논리를 도시라는 형태에 새긴다. 계획은 중립적인 것이 아니라, 특정 계층과 이해관계에 봉사하는 방향으로 움직이며, 이러한 도시계획의 과정은 '관용성'을 극히 제한하게 된다.

계획도시는 이상적으로는 기능적 효율성과 환경 개선, 사회적 공공성 실현을 목표로 한다. 하지만 실제로는 권위적 통제와 위계적 계층화의 도구로 기능한 경우가 많았다. 이는 도시계획이 본질적으로 '누가 도시를 설계하고, 누구를 위해 설계하는가'에 대한 권력의 문제와 직결되기 때문이다.

도시 공간은 중립적이지 않다. 도로 하나, 공원 하나, 상업지구 하나도 정치적·경제적·문화적 권력의 투영물이다. 특정 집단이 쉽게 접근할 수 있고, 특정 집단은 배제되며, 공간은 그 자체로 사회적 차별을 내포한 계층적 장치가 된다.

이 세 명의 사상가가 공통적으로 지적하는 바는 명확하다. 도시계획이 감시(푸코), 통제(스콧), 자본 축적(하비)과 긴밀히 결합하면서, 결과적으로는 공간의 비민주성과 인간 삶의 탈정치화를 초래한다는 점이다. 이는 우리가 신도시나 재개발 구역을 보면서 느끼는 이질감, 똑같은 아파트 단지와 이름 모를 거리의 풍경, 삶의 기억이 배제된 장소 감각의 결여로 이어진다. 도시계획은 더 이상 단순한 기술이 아니라, 삶을 조직하고 권력을 작동시키는 근대적 통치술이 되었다.

따라서 우리는 도시계획을 통해 누가 도시를 지배하고, 누가 배제되는지를 묻지 않으면 안 된다. 빌런의 도시학은 이러한 질문에서 출발하며, 도시에 감정, 기억, 경계, 다양성, 관용성을 되살리기 위한 비판적 대안을 모색한다.

예컨대, 서울 강남의 계획개발은 교육·교통·문화 자원을 한데 집중시켜 자산가 계층의 도시 독점을 가능케 했고, 동시에 도시의 다른 지역은 상대적으로 낙후된 채 유지되었다. 이는 주거지, 학군, 상업 시설 등 도시 전반에 걸쳐 사회적 이동성을 제한하는 '공간적 고착'을 발생시킨다.

또한, 대규모 재개발이나 스마트시티 구축 사업은 종종 시민의 의견 수렴 없이 결정되고, 원주민의 축출과 젠트리피케이션을 야기한다. 이는 도시계획이 민주주의적 협의 과정 없이, 자본과 권력에 의해 수직적으로 시행되는 독재적 기획이 될 수 있음을 보여 준다. 실상 많은 신도시는 행정기구와 기업, 부동산 시장의 이해관계가 얽혀 '정책의 외형'을 갖춘 '비공식적 권력의 작동장치'가 된다.

승자의 도시계획은 '완벽한 도시', '효율적 시스템', '아름다운 설계'라는 명분 아래 다양성과 자율성, 기억과 감정, 계층 간 상호작용의 가능성마저 배제할 위험을 내포하고 있다. 공공성을 위장한 개발논리, 정량적 수치에 기반한 기획, 전문가주의의 과잉은 결국 도시를 '살기 위한 공간'이 아닌 '살기 불편한 틀'로 바꿔 버릴 수 있다.

빌런의 도시: 역동성과 회복서사

빌런(Villain)의 어원적 의미를 보면 빌런은 도시의 중요한 생산과 구조를 지탱하지만 사회적, 정책적 관심에서 소외된 집단이다. 개인화된 악당을 의미하는 영화적 의미의 빌런과는 분명히 차이가 있다. 영화 속 빌런들은 개인의 분노와 악의성을 도시의 익명적 공간에 표출함으로써 자신의 정체성과 사회의 부조리함, 모순과 권력계층의 구조적 악을 세상에 알리려고 하는 하나의 장치로 이해할 수 있다.

도시적 관점에서 이런 빌런의 모습은 도시의 주력 생산자 역할을 한 익명성에 가려진 포괄적 의미의 피지배자들이다. 과거 고대 중세 도시에서는 피지배자와 농노, 노예들이 그 역할을 했으며, 집단 거주지의 형태인 노예도시나 게토(Ghetto)가 그 예이다. 또한, 이러한 거주지는 문화적으로 강력한 정체성을 가지게 되면서 전 세계적인 디아스포라 문화의 발원지가 되기도 했다. 근대에 와서는 산업혁명 시기의 노동자들이 그 역할을 했으며, 이때까지만 해도 이들의 거주지는 도시의 주변부에 공간적으로 구분되었으며, 계층적인 차별과 멸시의 대상이었다. 바로 근대 도시계획이 발전한 원인이기도 하다.

현대 자본주의 민주사회에서의 빌런은 계층적으로나 계급적으로 구분된 집단이 아니다. 이들은 일반 대중의 모습으로 도시내 모든 장소에서 사회적으로 문화적으로 또는 경제적으로 도시를 지탱하는 역동성과 회복력을 지니고 있다. 하지만, 부족한 정책적·사회적 관심과 지원으로 인해 소외감과 분노를 느끼며, 자신의 나름대로의 생존 전략을 통해 규격화된 도시의 질서에 균열을 만들어 나가는 사람들이다.

왜 빌런을 주목하는가?

빌런의 탄생은 도시의 중심이 아니라, 주변부에서 시작된다. 그들은 도심의 밝은 거리보다 어두운 골목, 상징적인 랜드마크보다는 무명의 공터에서 모습을 드러낸다. 이러한 공간은 종종 '게토(Ghetto)' 혹은 '경계부(Periphery)'로 불리며, 사회 구조 속에서 배제되고 소외된 장소다. 게토는 단순한 빈민가가 아니다. 그것은 '경제적 빈곤', '인종적 분리', '문화적 고립'이 중첩된 복합적 공간이며, 빌런은 이 공간 속에서 사회에 대한 분노, 정체성의 왜곡, 복수심을 키운다.

경계부를 주목하는 것은 빌런의 도시에 대한 개념을 정립하고, 전통적 근대도시계획의 패러다임에서 역동적 빌런의 도시학으로 패러다임의 전환을 유도하기 위함이다.

도시를 이해하려면 도시의 가장 낮은 곳, 도시의 경계부, 또는 주변부의 존재를 먼저 바라보아야 한다. 빌런의 도시학은 도시를 단지 상층 엘리트나 자본 권력의 공간이 아닌, 비가시화된 다수의 삶과 투쟁이 얽힌 집합적 공간으로 본다. 이때, 우리가 주목해야 할 인물이 바로 '빌런'이다.

도시 속 '빌런'은 단지 법이나 규범을 어긴 자가 아니다. 그들은 자본과 제도의 정렬에서 밀려난 이들, 삶을 스스로 조직하며 '비공식적 생존 전략'을 통해 도시 공간을 재구성하는 사람들이다. 불법 노점상, 철거민, 비정규 노동자, 거리의 청년들—그들은 제도 밖에서 도시를 살아 내며, 동시에 도시를 만들어 가고 있다.

도시를 살아가는 데 필요한 많은 요소는 '공식 시스템'이 아니라, 주변부에서 형성된다. 가령, 재래시장 주변의 노점문화, 철거된 마을 공동체의 연대, 빈집을 점유해 만든 예술공간 등은 모두 빌런화된 존재들이 도시의 틀 밖에서 만들어 낸 공간이다. 그들은 제도적 권한 없이도 실질적으로 도시를 창조하고 유지하는 '비공식적 계획가'들이다.

빌런은 도시의 위계 구조, 불평등, 억압을 드러내는 불평등 지표다. 그들이 처한 조건을 들여다보면, 도시의 어떤 집단이 배제되고 있는지, 자원과 기회가 어떻게 배분되는지를 이해할 수 있다. 즉, 빌런을 이해하는 것은 도시의 불평등과 불합리성을 이해하는 것이다. 빌런의 도시학은 이 '빌런'을 분석의 렌즈로 삼아, 도시 속 보이지 않는 권력 관계를 조명한다.

빌런은 순응하지 않는다. 그들은 불복종하고, 때로는 파괴하고, 풍부한 상상력으로 새로운 삶의 방식을 시도한다. 이는 단순한 반사회적 행위가 아니라, 기존 질서에 대한 급진적 질문이자 새로운 도시 가능성의 실험이다. 도시의 변화는 언제나 주변에서 시작되었다. 슬럼에서 시작된 문화, 하층민의 언어에서 발전한 대중음악, 제도 밖의 공동체 실험들이 도시의 주류가 되기도 했다. 빌런은 바로 이 미래 도시의 씨앗을 품고 있는 존재다.

도시란 단지 건물의 집합이 아니라, '함께 살아가는 방법'을 구성하는 윤리적 공간이다. 빌런을 배제하고 도시를 설계하는 순간, 도시는 윤리적 합목적성을 상실한다. 빌런의 도시학은 도시를 '누구를 위해 만들 것인가', '누구와 함께 살아갈 것인가'를 묻는다. 그 물음에 있어, 가장 소외된 존재—빌런—을 중심에 놓는 것은 선택이 아닌 도시 윤리의 필수 조건이다.

빌런을 도시계획의 중심무대로 끌어낸다는 것은, 도시의 질서를 혼란에 빠뜨리자는 것이 아니다. 그것은 오히려 지금까지 '정상'으로 여겨져 온 도시 담론의 배제와 위선을 드러내고, 도시의 진짜 구성원들과 함께 새로운 삶의 공간을 상상하자는 것이다. 빌런의 도시학은 도시를 다시 쓰기 위한 정치적, 윤리적, 실천적 도전이다. 그리고 그 첫 문장은 이렇게 시작된다.

"우리가 바로 도시의 빌런이다."

빌런의 경계적 도시공간: 게토

'게토'라는 용어는 16세기 이탈리아 베네치아에서 유대인을 특정 지역에 격리하면서 시작되었다. 현대 사회에서 게토는 특정 인종이나 계층이 자발적 혹은 비자발적으로 밀집 거주하게 된 도시의 한 구역을 의미한다. 미국의 시카고, 브롱크스, 디트로이트는 이러한 현대적 게토의 대표적인 예다. 게토는 경제적 불평등뿐 아니라, 도시 인프라의 차별적 제공, 공공 서비스의 제한, 교육 및 의료 혜택의 부족 등 구조적 배제가 집적된 공간이다. 사회학자 윌리엄 윌슨(William Julius Wilson)은 이를 '도시 내 고립된 빈곤(Concentrated Poverty)'이라 부르며, 이러한 공간이 청소년 범죄, 마약, 폭력 등의 사회 병리를 강화한다고 분석했다.

현재 게토의 의미는 '외국 출신 이민자들, 또는 특정 인종이 모여 사는 곳'으로 인식이 바뀌었다. 불과 20-30년 전만 해도 게토는 저소득층, 저학력, 소외계층을 의미하는 도시공간이었고, 전 세계적으로 저소득 이민자 거주지라는 이미지가 강했다. 대표적으로 뉴욕의 할렘은 저소득층의 아프리카계 미국인 집단거주지로 영화에서도 범죄 소굴로 묘사되었다. 또한, 영화 '대부'로 유명한 마피아의 본거지, 중국 이주자 거주지인 차이나타운, 한국계 미국인이 모여 살던 코리아타운 등은 기존 백인문화에서 이질적이지만 다소 혐오스러운 이미지로 각인되었다.

도시는 매우 계획적으로 만들어진 공간이다. 어느 구역에는 주거가 들어서고, 또 다른 구역에는 사무실과 공장, 녹지와 공공시설이 배치된다. 모든 것이 설계되고, 질서 있게 운영되는 것처럼 보인다. 그러나 도시는 늘 그 질서 바깥의 존재들을 낳는다.

도시의 틈, 바로 그곳에서 빌런은 태어난다. 도심의 화려한 빌딩 뒤편 좁은 골목, 폐쇄된 지하철역, 방치된 공장지대, 그리고 사회적으로 배제된 계층들이 밀집한 외곽 주거지. 이러한 공간은 도시의 '기억에서 지워진 장소'이자 '의도적으로 무시된 구역'이다.

빌런의 대표적 캐릭터 '조커'는 바로 그런 공간에서 자란다. 버스 안에서 웃음을 참지 못하고, 병원에서 사회적 서비스도 제대로 받지 못한 채, 그는 도심의 계단 아래를 터전으로 삼는다. 고담의 구조가 가진 계층성과 불평등이 조커의 정신을 무너뜨린 셈이다. 도시는 그에게 기회를 주지 않았고, 결국 조커는 도시를 무대로 복수의 쇼를 펼친다.

빌런은 그 도시가 품은 상처와 모순의 결정체다. "왜 그는 그렇게 되었는가"를 물을 때, 우리는 도시의 이면을 보게 된다.

공간적 배제와 정체성의 형성

산업혁명은 전통적 빌런(Villain)이었던 농노들이 돈을 벌기위해 도시로 대규모 이동하는 계기가 되었다. 도시의 공장 노동자들은 열악한 노동환경과 적은 보수, 과밀의 주거환경에서 농노들과 큰 차이 없는 빌런의 삶을 계승하게 된다. 산업혁명은 사회적 구조에 큰 변화를 가져오게 되는데, 중산층 부르주아 계층과 노동자 간의 계층분화와 소득분화가 크게 벌어지게 된다.

산업화에 따른 계층분화는 도시공간 구조에도 큰 변화를 가져오게 된다. 농촌을 떠나 도시로 이주한 노동자들은 도시 내 빈집을 찾아 거주하기도 하지만, 주로 기존 중심지 외곽의 변두리 지역에 모여 살았다. 대부분의 주택 공급은 노동자의 임금 기준으로 가격이 책정되기 때문에 주택의 질은 매우 낮은 편이며, 밀도는 매우 높았다.

노동자들의 도시는 높은 밀도와 좁은 공간으로 거리에 쓰레기와 오수, 오물이 난무했고, 주택의 난개발로 도시기반시설에 의한 상수, 하수처리 등 주거에 필요한 기본적인 도시서비스를 기대할 수 없었다. 인근 공장의 매연과 폐기물들은 도시 노동자들의 위생에도 큰 악영향을 미치게 되었지만, 도시로 몰려드는 노동자들의 주택공급은 계속 늘어날 수밖에 없었으며, 도시 외곽의 확장과 농촌의 잠식은 피할 수 없는 상황이었다.

엥겔스는 멘체스터 교외 노동자 집단 취락에 대해 다음과 같이 언급하였다.

"높은 공장, 건물로 덮인 높은 벽면, 성토에 의해 둘러싸인 상당히 낮은 토지에 보통 두 채씩 뒷면을 벽으로 마주하게 한 2백채씩의 두 주거군이 통합을 이루며 이 곳에 약 4천명이 살고 있다. 주거는 낡고 불결하며 상당히 작다. 길은 불규칙하고 구멍투성이로 일부는 포장되어 있지 않고 하수구도 없다. 메스꺼운 오물이나 쓰레기, 진흙이 도처에 퇴적되어 있으며 웅덩이가 없어지지 않아 이곳의 분위기는 이들이 발산하는 악취와 수많은 공장 굴뚝에서 내뿜는 연기로 어둡고 답답하다. 누더기를 걸친 여자나 어린이들이 마치 잿더미 위나 웅덩이 속에서 꿈틀대는 돼지와 같이 더러워져서 이쪽저쪽을 헤매며 다니고 있다."(The Condition of the Working Class in England, 1845, Friedirich Engels)

1830년경 콜레라가 전 유럽을 강타했을때 대도시 노동자 취락을 중심으로 많은 사망자가 발생하였고, 권력자들은 도시의 존속을 위해 도시의 위생환경을 개선할 수밖에 없었다.

이러한 무분별한 도시빌런의 확장은 근대 도시계획의 태동을 촉발하였는데, 유토피아적 도시, 빌런의 무질서함을 해결하고자 하는 영웅주의적 계획도시가 태동하는 계기가 되었다.

빌런의 도시는 단지 경제적으로 '못사는 동네'가 아니라, 그곳에 사는 사람들의 정체성 형성에 결정적 영향을 주는 도시공간의 사회적 의미와 관련이 깊다. 도시의 중심에서 소외되고 경계로 밀려난 이들은 자신을 사회로부터 분리된 존재로 인식하게 되고, 이는 곧 사회에 대한 분노 혹은 냉소로 이어진다.

영화 '8마일'(2002)의 지미(에미넴 분)는 디트로이트의 트레일러 파크에서 자라며, 사회적 냉대를 극복하고 자신만의 서사를 만들어 간다. 그가 성장한 공간은 전형적인 주변부로, 도시는 그에게 아무런 기회도 제공하지 않는다. 이와 비슷하게 빌런들은 이러한 주변부에서 '제도 밖'의 논리로 성장하고, 중심부를 위협하는 존재로 다시 돌아온다.

이민자들의 삶은 주류사회와는 다른 커뮤니티성을 가지고 있다. 다른 언어가 통용되고, 이질적인 문화와 먹거리가 존재하며, 경제적인 시스템도 사뭇 다르게 작동한다. 이민자들이 새로운 땅에서 생존하기 위해서는 언어, 학력, 재정 등 극복해야할 장벽이 너무나 많기 때문에 문화적 동질성을 근거로 강한 결속력을 유지해야만 한다. 이러한 결속력은 범죄를 묵인하거나 참여하기 쉬운데 어둠의 시스템 안에서 사는 것이 오히려 유리할 수도 있기 때문이다. 빌런의 영향력이 커지는 이유이다.

현대 도시에서 기존 범죄소굴이라는 게토의 이미지는 거의 사라졌다 해도 과언이 아니다. 오히려 게토의 독특한 문화는 기존 도시의 다양성을 부여하는 데 일조하고 있다. 대표적인 이민자 거주지가 전세계에 퍼져 있는 차이나타운이다. 중국의 오래된 이민역사에도 불구하고, 특유의 다양한 문화를 경험할 수 있고, 글로벌화 되고 표준화된 도시에서 중국의 이국적 문화를 쉽게 경험할 수 있다는 장점이 있다. 대도시의 차이나타운은 대표적인 관광지가 된 지가 오래이며, 한국에서도 인천 차이나 타운은 특유의 도시이미지를 표출하고 있어 인천의 개항장과 더불어 대표적인 관광지가 되었다.

도시의 회복 서사

현대 도시는 정부의 도시정책 아래에서 효율성과 수익성 중심으로 점점 더 목적지향적이 되고 획일화되고 있다. 도시공간은 자본 흐름의 논리에 따라 재편되고, 다양성과 비공식성은 '비효율' 혹은 '위험'으로 간주되어 제거 대상이 된다. 이러한 도시화는 물리적 환경뿐 아니라, 공동체의 붕괴, 사회적 연대의 상실, 문화적 황폐화까지 초래해 왔다.

도시는 더 이상 시장을 형성하며 '사는 공간'이 아니라, 시장의 상품으로 전락하여 '투자의 대상'이 되었다. 그 결과 도시 내부는 정체성을 잃은 유사한 공간들로 채워졌다. 이 과정에서 가장 먼저 밀려난 이들은 바로 빈자, 비공식 거주민, 제도 밖의 생활자들, 즉 도시의 '빌런'으로 낙인찍힌 존재들이다. 그러나 아이러니하게도, 바로 이 '빌런'들이 도시의 회복을 가능케 하는 잠재적 주체라는 점에서 주목할 필요가 있다.

빌런들은 제도 밖에서 자신만의 방식으로 도시를 살아낸다. 그들이 가진 생존 능력, 공동체 형성 방식, 공간의 자율적 활용 등은 단순한 불법이나 저항의 문제가 아니라, 회복력(resilience)의 주체임을 보여 준다. 예를 들어, 철거지역에서도 공동체 돌봄 구조를 유지하는 주민들, 노점상들의 상호지원 네트워크, 점유된 공간에서 자생적으로 생겨나는 문화 활동 등은 도시의 '살아 있는 회복력'을 보여 준다.

이들은 자원이 부족한 환경에서도 도시를 살아 낼 수 있는 방식, 즉 파괴된 공간을 재의미화하고 재생산하는 능력을 가지고 있다. 이는 도시계획자나 행정가들이 이식하려는 '회복'과는 다른 차원의 복원이다. 그것은 정책적 복구가 아닌, 생활의 지속을 통한 회복, 즉 아래로부터의 재구성이다.

획일화된 도시공간은 자율성과 창의성을 말살하고, 도시를 살아가는 주체를 '소비자'로 전락시킨다. 반면 빌런과 빈자들의 도시생활은 공간을 직접 사용하는 생산주체로서의 도시민을 복원한다. 이들은 틀에 박힌 도시규범을 깨뜨리고, 창의적인 도시 문화를 생성해 낸다. 거리 공연, 비인가 공동체 공간, 자조적 경제 시스템 등은 도시 공간에 다층적인 의미와 용도를 부여하며, 도시를 인간적인 공간으로 되살리는 힘을 갖는다.

빌런의 도시학은 바로 이 지점에서 도시 회복의 서사를 새롭게 정의한다. 회복이란 원래의 상태로 돌아가는 것이 아니라, 상실과 파괴를 겪은 주체들이 자신만의 방식으로 도시를 다시 만들어 가는 과정이다. 따라서 도시의 회복은 '기존 체계로의 복원'이 아니라, 기존 체계를 뛰어넘는 창의적 재조정이어야 한다. 빌런은 이 창의적 회복의 상징이자 실천 주체인 것이다.

  도시는 단지 건물이나 제도의 집합이 아니라, 공동체의 기억과 삶의 흔적, 희망과 소망이 축적된 장소다. 우리가 도시에 대해 느끼는 애착은 그곳이 과거의 이야기들을 품고 있을 뿐 아니라, 여전히 미래를 상상할 수 있는 공간이라는 믿음에서 비롯된다. 그렇기 때문에, 설령 빌런이 도시를 무너뜨리더라도, 도시는 다시 재건되어야 하고, 회복되어야 하며, 살아 있어야 한다는 정서적 요청이 생긴다.

  영화 속에서 이러한 회복 서사는 단순한 복구의 서사가 아니다. 오히려 파괴의 경험을 통해 도시가 무엇을 잘못했는지를 돌아보고, 무엇을 바꾸어야 하는지를 질문하게 하는 성찰적 과정으로 기능한다. 예컨대 '다크 나이트'에서 조커는 고담의 도덕성을 시험하지만, 배트맨과 시민들은 여전히 도덕적 선택을 가능케 함으로써 도시가 아직 완전히 붕괴되지 않았음을 보여 준다. 빌런의 파괴는 도시의 취약한 이면을 드러내지만, 그와 동시에 도시가 내면적으로 품고 있는 회복 가능성, 즉 복원력(resilience)을 활성화하는 기제가 되기도 한다.

퇴폐미에 대한 향수와 관용

  도시의 외곽, 뒷골목, 오래된 재개발 예정지, 법과 질서가 느슨하게 적용되는 장소들—이른바 '빌런의 도시'는 겉보기에 무질서하고 퇴락해 보인다. 반짝이는 고층 빌딩, 체계적인 보도블럭, 깔끔한 도시계획의 언어로는 설명되지 않는, 무언가 흐트러진 공간. 하지만 우리는 그런 장소에 끌린다. 그리고 때로는 설명할 수 없는 감정적 애착과 향수를 느낀다.

이 퇴폐적인 도시공간이 주는 매력은 단순한 비주류 취향의 표현이 아니다. 그것은 우리가 도시에서 진정으로 '살고 있다'고 느끼는 지점, 즉 삶의 흔적과 이야기가 축적된 장소에 대한 본능적인 반응이다.

빌런의 도시가 가진 퇴폐미는 단지 낡고 더럽다는 의미가 아니다. 그것은 시간의 퇴적물, 삶의 분투가 남긴 자국, 그리고 공식 기록이 담지 못한 비공식적인 도시 서사의 집적이다. 깨진 간판, 무단 증축된 건물, 벽면에 덧칠된 그래피티와 그 위에 또다시 덧입혀진 낙서들은 도시를 살아 낸 사람들의 흔적이다.

이러한 공간은 기획되고 정비된 공간이 줄 수 없는 비정형의 아름다움과 감각적 밀도를 제공한다. 즉, 퇴폐미는 도시가 인간의 몸과 감정, 실패와 기억을 받아들였다는 증거이며, 사람들은 그 안에서 묘한 정서적 소속감과 향수를 느낀다. 사람들에게 자신이 도시의 일부라고 느끼게 하며, 도시의 정체성과 다양성을 지탱하는 기반이 된다. 획일화된 아파트 단지나 쇼핑몰은 기능적일 수 있지만, 정서적으로는 비어 있다. 반면, '질서 밖의 도시'는 불완전한 대신 인간의 흔적이 묻어난다.

관용성은 사회적 유연성, 창의성, 비판성의 기반이 되며, 이는 도시 활력의 원천이 된다. 획일적인 도시계획이 가져오는 문제는 바로 이 다양성의 제거다. 모든 것이 동일한 방식으로 설계되고, 모든 삶의 방식이 제도화될 때, 도시는 '효율'은 얻을 수 있을지언정, 문화적 역동성과 창의적 에너지는 잃는다. 반면, 퇴폐적 공간은 제도적 통제를 벗어난 실험의 장이자, 새롭고 창의적인 도시 경험의 발화점이 된다. 퇴폐미에 대한 관용은 단지 '낙후된 공간을 방치한다'는 것이 아니라, 도시가 자기 자신을 계속 갱신할 수 있는 여지를 남긴다는 선택이다. 이 여백은 제도권 밖의 상상력과 실천이 발화될 수 있도록 하며, 그것이야말로 도시의 지속 가능성을 구성하는 핵심 조건이다.

놀랍게도 사람들은 빌런의 도시가 가진 퇴폐미를 잊지 않는다. 현대 사회에서 영화 속 빌런이 점거하거나 탄생한 도시 공간들은 점점 더 브랜드화된 이미지로 소비되고 있다. 고담시의 어둠, '조커' 속 브롱크스의 골목, '다크 나이트'의 나이트클럽, '더 배트맨'의 고담 시청 앞, '아키라' 속 네오도쿄의 폐허 등은 단지 무대가 아니라, 강력한 정서적 감각과 상징성을 지닌 소비 가능한 장소로 변모하고 있다. 아이러니하게도, 이 공간들은 파괴와 퇴폐, 혼돈과 범죄를 상징하지만, 대중은 이 어둡고 불온한 장소에 깊이 끌리고 매혹된다.

이러한 현상은 단순한 악취미나 스릴의 추구가 아니라, 보다 복합적인 심리적, 문화적, 사회적 메커니즘에 기반한다. '조커'(2019)의 계단 장면은 영화 개봉 이후 실제 뉴욕 브롱크스 지역을 관광 명소로 만들었다. 조커가 춤추던 그 계단은 '범죄의 상징'이 아닌 '예술적 공간'으로 소비된다. 이 현상은 빌런의 도시가 강력한 감정적 기표로 작동한다는 것을 보여 준다. 기억 속 도시는 아름답기보다는 극적이며, 감정을 동반한 장면이 공간으로 각인된다. 빌런의 도시가 대중의 기억에 남는 이유는 그 파괴가 단순히 부정적인 것이 아니라, 인간 내면의 다양한 정서를 자극하기 때문이다.

퇴폐적이고 위험한 공간은 정상적 질서의 바깥에 놓인 장소다. 이 공간들은 도시의 그늘이며, 사회가 보이지 않게 만들고 싶어 하는 영역이다. 하지만 사람들은 오히려 그런 공간에 강한 감정적 자극과 금지된 욕망의 해방감을 느낀다.

이 공간은 기존 질서 속에서 억눌린 감정들—분노, 일탈, 저항, 욕망, 불안—이 가시화되고 살아 있는 공간이기 때문이다. 즉, 빌런의 공간은 우리가 감히 인정하지 못하지만, 어딘가에 존재한다고 믿는 '진짜 도시', '가짜 질서의 뒤편에 숨겨진 진실'로 여겨진다. 이 장소에 끌리는 것은, 곧 금기를 관찰하고 욕망을 투영하는 심리적 대리 경험이다.

영화 속 공간은 단지 배경이 아니라 이야기와 감정이 압축된 상징적 장소다. 빌런이 걷던 계단, 싸움이 벌어진 지하철, 혼돈이 폭발한 광장 등은 하나의 이미지로 대중의 기억에 각인되며, 이후 현실의 장소도 그 이미지로 덧입혀지게 된다.

오늘날 많은 도시는 스마트시티, 친환경도시, 브랜드도시 등으로 정제되고 통제되고 있다. 깨끗하고 안전한 도시일수록, 그 반대편에 있는 어둡고 예측 불가능한 장소에 대한 심리적 반작용과 향수가 커진다.

빌런이 점유한 공간은 균열이 드러나고, 질서가 깨지고, 삶의 리얼한 감각이 되살아나는 공간이다. 그 속에는 현대인이 경험하지 못하는 날것의 감정, 감각의 밀도, 서사의 긴장이 응축되어 있다. 따라서 빌런의 도시는 오히려 "진짜 인간의 감정이 작동하는 공간"으로 인식되며, 정서적 진실의 장소로 다가온다.

어떤 도시나 이러한 장소는 이미지 이상의 의미를 지닌 역사적 기억의 공간이다. 영화 속 빌런의 공간이 매혹적인 이유 중 하나는, 그것이 도시의 실제 역사, 소외된 기억, 배제된 집단의 흔적과 겹쳐지기 때문이다. 예컨대, 고담의 빈민가, 하수도, 폐역 같은 공간은 단지 시각적 설정이 아니라, 도시 개발에서 밀려난 사람들, 제도의 그늘에서 살아온 사람들의 상징적 장소와 연결된다. 이 공간에 끌린다는 것은 곧 보이지 않는 도시의 이면에 감정적으로 공명한다는 것이며, 이는 집단적 정체성, 잊힌 역사에 대한 공감의 방식이기도 하다.

VILLAIN'S

URBANISM

2부

충돌과 공존의 도시사

○

미셸 드 세르토(Michel de Certeau)는 『걷기의 미학』에서 도시를 두 개의 레벨로 나눈다. 하나는 위에서 내려다보는 '지도자의 도시'(map space), 또 하나는 도시를 실제로 걷는 '사용자의 도시'(walk space)이다.

○

산업혁명은 도시를 단숨에 팽창시켰고, 그 안에서 질서와 통제를 벗어난 또 다른 도시가 자라났다. 계획되지 않은 도시, 규범의 시선에서 벗어난 도시, 그리고 사회적 타자들이 밀집한 공간—'빌런의 도시'였다.

승자의 도시: 안전성 신화의 위선

영웅서사에서 도시란 지켜야 할 공동체이자 문명화된 질서의 상징으로 자주 등장한다. 히어로는 그 도시를 외부의 위협(빌런, 외계인, 테러리스트 등)으로부터 지키며, 시민들의 일상을 보호하는 존재로 그려진다. 이때 도시는 단지 배경이 아니라, '정상성'과 '안정성'을 상징하는 공간적 기호가 된다.

승자의 도시는 빌런의 도시와 대척점에서 존재한다. 도시의 승자들은 도시의 질서를 수호하는 존재이며, 그들이 등장하는 공간은 깨끗하고 정돈되어 있으며, 정의와 희망의 상징으로 제시된다. 하지만 과연 승자의 도시는 '안전한 이상향'일까? 이 장에서는 기존 신도시 개발에서 반복적으로 나타나는 '쾌적하고 안전한 도시'라는 승자의 도시가 가진 이상이 실제 도시계획의 이상과 어떻게 연결되는지를 분석하며, 그러한 '안전 신화'의 이면에 존재하는 배제와 통제의 구조를 들여다 본다.

고대도시의 위계화와 권력의 상징

　도시에서 '높은 곳'은 상징적 권위를 나타낸다. 중세 유럽의 성곽도시는 이를 명확히 보여 준다. 귀족과 영주는 언덕 위의 성에 거주하고, 농민과 하인은 성 외곽의 평지에 살았다. 현대 도시에서도 이 구조는 반복된다. 고층 아파트의 펜트하우스, 고지대 타운하우스는 자산가의 전유물이 되고, 반지하나 옥탑방, 지하 상가 등은 서민 혹은 비정규 노동자 계층의 공간이 된다.

　권력은 힘을 과시하고자 한다. 고대 도시의 권력 표출은 왕이 살아서 거주하는 왕궁과 왕이 죽어서 거주하는 무덤이다. 바빌론은 대표적인 초고층 건축물이며 공중정원은 왕비를 위해 건축되었다고 한다. 이 거대한 토목사업은 수천 년이 지난 지금까지 대표적인 고대 건축물로 남아 있다.

　지구라트는 중동 메소포타미야 지역에서 건설된 왕이 거주하는 초고층 궁전도시라고 할 수 있다. 다양한 형태의 지구라트가 존재했던 것으로 파악되며 신전과 왕궁, 주거의 기능까지 복합된 복합건축물이었던 것으로 보인다. 기원전 3000년 전부터 수메르의 도시는 이미 수만 명의 주민이 집중되어 있었고, 도시는 성벽이나 해자로 둘러싸여 외부의 적으로부터 방어기능을 가지고 있었다. 지구라트는 일반 거주지와 달리 높이 솟아 있고 구별되어 도시 권력의 상징이 되었다.

이집트 피라미드는 지구라트와 달리 주거의 기능은 없지만 죽은 권력의 역설적 위대함을 표현하는 절대권력의 궁극적 상징이다. 도시의 권력자가 주변 도시와 지역을 석권하고, 권력의 최고 정점에 달했을 때에 그는 다음에 무엇을 해야 할 것인가. 바로 죽어서도 그 권력의 영속성을 표현함으로 피지배자들에 의해 경외받는 것이다. 신이 되고자 함이다.

영화 '십계'를 보면 최고 권력자 파라오가 모세와 람세스에게 차기 권력을 두고 각자 미션을 부여한다. 람세스에게는 유대인 반란의 수괴를 잡으라 하고 모세에게는 부진한 피라미드 건설을 재촉한다. 당연히 능력 있는 모세는 피라미드 건설을 차질 없이 진행하여 파라오에게 큰 기쁨을 주게 된다. 이미 모든 것을 가진 파라오는 자신이 죽어서 들어갈 무덤과 자신의 권력을 이을 후계에 모든 관심이 집중되어 있다. 진정한 권력자의 모습이다. 그들은 결국 신이 되지 못했지만 피라미드라는 위대한 유산을 남김으로써 인류의 기억에 남았다.

미래도시를 표현하는 대표적인 이미지로 어두운 권력의 강력한 통제가 표현되는 영화가 아주 많다. 블레이드 러너는 인간이 만든 새로운 인간종 '리플리컨트'와 노예화를 통한 폭력적 통제, 차별을 보여 주고 있다. 1편은 인간의 악행과 고통을 리플리컨트에게 전가함으로써 스스로 각성하게 되는 리플리컨트의 저항을 보여 준다면, '블레이드러너 2049'는 통제에서 벗어난 리플리컨트를 추적하는 임

무를 리플리컨트 'K'에게 부여함으로써 피지배인을 피지배인이 지배하는 'Rule & Divide' 기법을 보여 준다. 이 영화에서 미래도시의 강력한 힘을 가진 정부와 자본은 피라미드라는 상징적인 건축물로 표현함으로써 힘에 대한 위압감을 선사한다.

이집트 도시공간구조의 계급화

도시를 조성하고 성장시키는 거대한 권력은 도시공간구조를 힘에 의해 계급화한다.

고대 도시들은 노예들이 거주하는 별도의 주거도시를 건설하여 권력이 필요로 하는 노동력을 효율적으로 징발하였다. 이집트의 파라오는 피라미드나 왕궁, 거대 토목 공사를 위해 수많은 노예들을 효율적으로 관리하기 위해 이들의 임시 거처인 '라훈' 또는 '카훈'이라는 주거도시를 조성하였다. 피라미드를 축조하기 위해서는 10만 명 이상의 노동자가 필요했다는 점을 감안하면 그 당시 도시의 규모는 상당했을 것으로 보인다.

이런 노예들을 위한 도시는 대부분 격자형의 도로 체계를 가지고 있어 집단의 관리를 용이하게 하고 있다. 또한, 도로의 끝은 개방되어 있지 않고 막다른 골목으로 만들어 사실상 노예들의 탈출을 원천적으로 막으려 한 철저한 통제형 도시이다. 당시 카훈 같은 노동자들을 위한 도시는 피라미드 건설이 마무리되면 버려졌다고 한다. 아마도 또 다른 토목공사를 위해 다른 지역으로 강제 이주했을 가능성이 매우 높다.

계급화라고 하기엔 현대도시공간을 해석하는 데 무리가 있지만, 도심과 부도심을 나누고 기능별로 조닝을 하는 것을 통해 현대도시도 일정 부분 공간의 위계가 설정되어 있다. 일반적으로 각 지자체에서 수립하는 도시기본계획은 권역별로 기능을 구분하고 도시의 위계를 설정하여 향후 도시의 미래 성장을 관리하고 있다. 이러한 도시공간의 위계화는 오래전부터 권력에 의해 계급화된 공간구조에서 유래된 것이라 할 수 있다.

영화 '이집트 왕자'에서 파라오는 히브리 민족의 급격한 인구 증가에 두려움을 느껴 히브리 민족의 어린아이를 죽이라는 명령을 내린다. 이 이야기가 사실인지 확인된 바는 없지만, 카훈의 주택 바닥 밑에서 어린아이의 유골이 담긴 상자가 발견되었다고 한다. 파라오에 의해 죽은 것인지 질병과 환경에 의해 사망한 것인지 모르지만, 아이를 집 안 바닥에 묻은 노예들의 삶이 참으로 처참했을 것이라 추측할 수 있는 대목이다.

노예들을 위한 도시는 아니지만 많은 영화에서 자주 등장하는 미래도시의 모습은 엘리트 상위그룹과 하층민 그룹이 완전히 다른 공간으로 구분되고, 계급화로 인해 차별화된 모습을 보여 준다.

맷 데이먼이 등장하는 영화 '엘리시움'은 지구의 상공에 새로운 이상향을 건설하여 일부 상위계층만이 과학기술의 혜택과 최상위 삶의 질을 누리지만, 지구에 거주하는 인간들은 힘들고 위험한 노동을 감수하며 하루하루 살아가는 비참한 삶을 벗어날 수 없는 구조에 갇혀 산다는 스토리이다. 엘리시움이라는 도시의 승자들은 잔혹한 착취와 약탈을 통해 쓰레기 같은 지상의 노동자들을 쥐어짜며 엘리시움의 영화로운 삶을 지탱하는 시스템을 유지하기 위해 온갖 폭력적인 수단을 마다하지 않는다.

도시를 지배하는 가장 효율적인 방법이 계급화이며, 계급화를 통해 지배구조를 시스템화한다. 권력자는 시스템의 붕괴를 가장 두려워한다. 엘리시움에서도 이상도시를 유지하고 원활한 자원을 조달하기 위해 철저한 위계와 통제를 유지하고 필요한 경우 잔혹한 폭력도 서슴없이 동원한다. 이러한 통제는 단 한 명의 반기도 허용하지 않는다.

영화 '알리타'도 지상에 지구를 통제하는 '자렘'이라는 공중도시가 있고 지상에 거주하는 고철도시의 인간들은 자렘에서 쓰고 버린 쓰레기로 연명한다. 주인공 알리타 역시 공중도시 '자렘'의 쓰레기더미에서 발견한 인조인간의 머리를 다시 살려 낸 것이다. 이들은 마치 로마 황제가 시민들의 관심을 정치에서 멀어지게 하기 위해 콜로세움의 잔혹한 검투 이벤트를 벌이듯이 고철도시의 시민들을 격렬하고 위험천만한 모터볼 경기에 빠지게 한다. 자렘에 가기 위한 유일한 방법은 모터볼 경기에서 우승하는 것뿐이다.

로마, '길'을 지배하는 권력자들

미셸 드 세르토(Michel de Certeau)는 『걷기의 미학』에서 도시를 두 개의 레벨로 나눈다. 하나는 위에서 내려다보는 '지도자의 도시'(map space), 또 하나는 도시를 실제로 걷는 '사용자의 도시'(walk space)이다.

길을 통제하는 욕망은 권력의 도시통제와 지배력 표출의 강력한 상징이다. 팍스 로마나(Pax Romana)를 대표하는 '모든 길은 로마로 통한다'라는 말을 통해 로마의 당시 지배력을 한 문장으로 표현할 수 있다. 이는 세계지배의 가장 중요한 공간을 '길'로 규정하고, '길'을 통해 움직이는 인적, 물적 자원의 지배를 통해 세계를 지배한다는 것을 의미한다.

'길'은 다양한 행위가 일어나는 아주 재미있는 도시공간이자 장소이다. 걷기, 뛰기, 책보기, 연인과의 동행, 달콤한 속삭임, 물건 사고 팔기, 구경하기, 머물기도 하고 가기도 한다. 길은 셀 수 없이 많은 일들이 동시에 벌어지고, 특별히 누군가에게 피해를 주지 않는 한 아무도 뭐라 하지 않는 가장 민주적인 장소이기도 하다.

하지만 권력자들은 이러한 길을 지배함으로써 자신의 힘을 과시하는 것을 좋아한다. 우리가 얼마 전까지만 해도 쉽게 접할 수 있었던 것이 바로 '퍼레이드'이다. 특히, 군사 퍼레이드. 일반에게 허용된 매우 자유로운 공간을 일시에 길을 막고 자신의 힘과 권력을 과시하기 위해 군대를 동원한다. 북한이나 중국은 아직도 이러한 힘의 퍼레이드를 전 세계에 과시하면서 자신의 힘이 공고함을 적극적으로 알리는 수단으로 활용한다. 불과 얼마 전만 해도 대한민국의 독재자들이 해외 순방 이후 공항에서부터 카 퍼레이드를 벌인 일을 기억할 수 있을 것이다. 당시 학교 수업도 마다하고 거리로 달려나가 태극기를 흔들던 순진난망했던 우리의 시절을 기억하면 지금도 웃음이 나온다.

 영화에서도 거대한 길에서 퍼레이드를 하는 장면을 통해 권력자의 힘을 표현한다. 영화 '벤허'에서는 주인공 벤허가 노예 신분으로 전쟁에서 사령관을 구하고 승리의 개선을 하는 장면이 나오는데 황제 앞까지 퍼레이드를 하고 높은 계단을 올라 황제를 알현함으로써 권력과 승리의 개선, 신분의 개선을 극적으로 표현하였다. 이와 유사한 장면으로 '헝거게임'에서 캣니스를 비롯한 선수들이 스노우 대통령 앞에서 퍼레이드를 벌이는 장면은 절대권력의 상징과 힘의 집중을 한눈에 보여 주는 상징이다. 특히 이러한 길의 이미지는 매우 권위적인 건축물과 거대한 흉상, 높은 열주로 이루어진 구조물을 주변에 배경으로 펼쳐 놓음으로써 퍼레이드가 벌어지는 길과 권력자의 힘을 상징적으로 일치시키게 된다.

 '길'은 도시민에게 가장 일상적인 공간이지만, 필요하면 정치적 문화적 의지를 표출하는 가장 적합한 장소이다. 도로, 길은 도시 전체 면적에서 30% 이상을 차지하는 단일 공간으로 가장 많은 비율을 차지하는 도시의 대표적인 공적 공간이고, 따라서 길의 통제는 도시의 통제를 의미한다.

현대 민주도시에서는 길의 다양한 장소적 기능이 더욱 확대되고 시민들의 공공 활동장소로 의미가 확대되고 있다. 대표적으로 2002년 월드컵 때 많은 군중들이 거리로 나와 응원하고 기뻐하며, 즐기던 장소는 바로 각 도시의 가장 크고 상징적인 '길'이었다. 또한, 각각의 이해단체들의 정치적 목소리를 내는 장소도 많은 사람들을 만날 수 있는 '길'이며, 촛불을 든 시민들이 결국 권력까지 바꾸는 강력한 힘이 응집되고 분출되는 장소인 것이다. 이러한 현상은 대한민국의 길을 장악한 민중이 국가 권력의 중심이 되었음을 의미하는 사건이다.

신성한 중세 도시의 질서와 배제의 전략

중세 도시는 흔히 신성한 권위, 도덕적 질서, 시민적 미덕의 구현체로 이해되며, '승자의 도시'로 우리의 뇌리에 각인되어 있다. 그러나 이러한 도시에 대한 해석은 과연 그 자체로 온전한 진실일까? '빌런의 도시학'의 시선에서 볼 때, 중세 도시에서 '승자의 도시'란 오히려 통제와 위계, 배제를 정당화하는 상징적 장치에 불과했으며, 그 외관의 이면에는 억압과 위선이 깊게 스며 있다.

아비뇽은 교황이 로마를 떠나 안착한 도시로서 종교적 영웅주의의 상징처럼 묘사되지만, 실제로는 세속 권력과 타협한 정치적 공간이었다. 신의 대리인이라는 이름 아래, 교황청은 면죄부 판매, 교리 통제, 세속 정치 개입 등을 통해 도덕적 권위를 가장한 권력의 도시를 구축했다. 겉으로는 신성한 도시였지만, 속으로는 권력을 둘러싼 치열한 조율과 배제의 전략이 반복되던 장소였다.

뉘른베르크 역시 장인과 시민이 도시의 중심이라는 점에서 '도덕적 시민'을 생산하는 이상적 공동체로 회자된다. 하지만 실제 이 도시는 철저한 신분제와 길드 체계에 기초해 내부의 질서를 강제하고 외부인을 차단하는 배타적 공간 구조를 가졌다. 즉, 질서라는 이름으로 다양성과 외부성을 억압하는 도시였으며, 시민성은 정해진 틀에 맞는 사람에게만 허용된 조건부 정체성이었다.

시에나는 기독교적 청빈과 공화주의가 결합된 이상적인 도시로 알려졌지만, 이 역시 귀족 가문과 종교 엘리트의 정치적 주도 아래, 신앙이라는 명분을 통해 공동체 내 비순응자를 통제했다. 도심의 광장은 공공적 토론의 장소이기도 했지만, 동시에 도시의 도덕과 규율을 상징적으로 각인시키는 무대였고, 이질적 존재는 그 주변으로 밀려났다.

도시의 영웅적 서사가 감추고 있는 '빌런'은 광대, 이단자, 떠돌이, 이주민, 이방인 등으로 중세 도시에서 공식적 지위는 없었지만, 도시의 정체성과 질서가 성립하기 위해 반드시 배제되어야 했던 존재들이었다. 이들은 도시 바깥에 존재했지만, 동시에 그 도시의 규범이 작동하는 기준선이었고, 질서의 경계를 드러내는 '그림자' 같은 존재였다.

중세 영웅의 도시들은 외적으로는 명확한 질서와 공공적 미덕을 구현한 듯 보였지만, 그 내부는 복종을 유도하고, 다양성을 통제하고, 감정을 제도화한 폐쇄적 구조였다. 그리고 바로 이러한 공간 구조는, 현대의 계획도시가 되풀이하는 동일한 오류의 기원을 제공한다.

오스망의 파리 대개조: 아름다움이라는 명분의 퇴거령

19세기 프랑스의 오스망은 나폴레옹 3세의 명령 아래 중세적 혼돈의 파리를 직선 대로와 근대적 건축으로 재구성했다. 그의 파리는 도시의 통풍, 위생, 미관, 군사적 진압을 고려한 기능-미학적 합리성의 표본이었다. 그러나 이 도시는 빈곤층과 하층민을 도시 외곽으로 추방하는 공간 전략의 결과였다. 정돈되고 쾌적한 중심부는 소수의 중산층과 상류층만이 점유할 수 있었고, 기존 하층민의 삶의 터전은 '보이지 않는 곳'으로 밀려났다.

18세기 프랑스 파리 오스만 시장에 의해 추진된 '파리 대개조'는 절대권력이 아니고서는 불가능한 일이었다. 우리가 알고 있는 개선문을 중심으로 한 방사형 가로망과 파리 중심의 궁전과 오페라하우스 등을 대로로 연결하는 중심가로의 구현, 전 세계인이 머릿속에 각인시키고 있는 파리의 고풍스럽지만 일관된 건축물의 아름다운 디자인들은 대부분 이 시기에 조성된 것이다. 또한 파리가 자랑하는 하수도 시스템도 이 시기 콜레라 창궐을 막기 위한 대책으로 출발한 기넘비적 도시 인프라의 승리였다.

  오스망 시장 당시 파리는 도시 내 치안을 안정시킬 군대의 대규모 이동과 물자의 원활한 이동을 위해 방사형 가로체계를 조성하기 위해 기존 도시의 맥락은 완전히 무시한 채 도시를 파괴하기 시작했다. 광폭의 도로가 뻗어 가는 길목은 그 어떠한 도시구조물도 장애가 될 수는 없었다. 주택과 상가 할 것 없이 도로를 위해 길을 내주었고, 사라진 건축물의 거주지 물량은 기존 거주지에 얹어져 층수를 높여 주거밀도를 올리게 된다. 파리의 건축물들은 당시 다른 도시에 비해 고층화되고 고밀화 될 수밖에 없었다. 당연히 인구밀도 증가에 따른 사회문제, 위생문제가 증폭되고 파리는 다른 경쟁도시에 비해 도시 고밀화에 대한 사회적 어려움을 먼저 겪게 된다.

  사회적으로는 아직 고층화가 준비가 되지 않은 18세기 도시는 건축물의 층별로 계급화가 형성되고, 고층 고밀화에 따르는 지가와 임대료 상승으로 저소득층의 빈곤화가 더욱 가속되었다.

  급격한 고밀화는 건축물의 부족뿐만 아니라 사회기반시설의 부족으로 이어져 상하수도 시설의 오염으로 인해 콜레라가 창궐하게 되었다. 콜레라의 창궐은 하수도시스템의 개선으로 이어져 선진적 하수도 시스템을 구축하게 되는 요인이 되기도 하였다.

  이같은 도시구조를 가장 잘 보여 주고 있는 작품은 '레 미제라블'이라는 영화다. 뮤지컬로 더욱 유명한 이 작품은 영화로 만들어져 많은 사람들의 사랑을 받았지만, 당시 18세기 파리의 도시 모습을 잘 묘사하고 있다. 도시 가로에서 군대와 시위대의 대치상황이라든가, 장발장이 하수도를 통해 탈출하는 장면은 비단 '레 미제라블'에서만 묘사되는 장면은 아니다. 파리 지하 하수도를 통한 탈출과 추적은 매우 흔한 연출이 되고 있다.

영화 '인셉션'의 인상적인 장면은 파리의 구도심을 입체적으로 잘 보여 준다. 디카프리오와 엘렌 페이지가 처음 꿈속으로 들어간 장소는 파리의 구도심의 한 노천 카페이다. 엘렌 페이지가 꿈속에서 인위적 조작으로 도시를 마음대로 움직이는 장면은 파리의 구도심을 가로에서, 하늘에서 입체적으로 보여 주고 있는데, 파리 구도심의 획일적 디자인과 동일 층수의 건축물은 18세기 프랑스의 절대권력이 구현한 대표적인 폭력적 도시개발의 단면이다. 아이러니하게도 지금 파리는 전 세계인들이 사랑하는 아름다운 도시 중의 하나다.

도시의 질서와 미관은 결국 공간적 불균형과 사회적 불가시화를 전제로 한 정치적 선택이었다. 파리의 중심은 상징적으로는 '모두의 것'이었지만, 실질적으로는 선별된 자만이 영위할 수 있는 이상화된 공간이었다.

근대 도시계획의 질서 지향

르 코르뷔지에의 도시계획 철학은 직선적인 도로, 고층 건물, 기능별 분리라는 모더니즘적 질서를 강조했다. 그는 "도시는 기계처럼 작동해야 한다"고 주장하며, 효율성을 삶의 중심에 두었다. '빛나는 도시(Radiant City)'는 르 코르뷔지에가 현대 도시가 처한 혼돈과 무질서를 극복하고자 기획한 도시계획의 이상적 모델이다. 20세기 초 산업화로 급격히 팽창한 도시는 인구과밀, 교통혼잡, 위생 악화, 주거환경 저하 등 다양한 문제에 직면했으며, 이러한 상황에 대한 르코르뷔지에의 문제의식이 빛나는 도시의 출발점이었다.

그는 혼돈에 빠진 도시를 합리적이고 질서정연한 방식으로 재구성하고자 했다. 이를 위해 르코르뷔지에는 도시를 명확한 기능에 따라 구분하고, 각 기능 영역을 기하학적이고 계획적으로 배치하는 분리주의적 도시계획 지향점을 제시했다. 예를 들어, 업무지역, 주거지역, 상업지역, 공원 및 여가공간 등 각각의 기능이 독립적으로 구획되고 명확하게 분리되는 것이 핵심이다.

르코르뷔지에는 특히 수직적 건축을 통해 토지 사용의 효율성을 높이고, 충분한 녹지와 빛을 확보하여 건강하고 쾌적한 삶의 환경을 만드는 것을 목표로 삼았다. 도로와 교통체계 역시 보행자와 차량을 철저히 구분하여 교통의 효율성을 극대화하고 도시의 혼잡을 줄이고자 했다.

요컨대 빛나는 도시의 도시계획적 지향점과 의도는 산업 도시가 지닌 구조적 문제를 해결하고자 명료한 질서와 기능적 명확성을 통해 인간에게 이상적이고 효율적인 삶의 공간을 제공하려는 데 있었다. 다만 이러한 계획적이고 획일화된 접근법은 나중에 실제 삶의 다양성과 유연성을 억압한다는 비판을 받기도 했다.

에벤에저 하워드는 산업혁명의 도시 문제를 해결하고자 도시와 농촌의 장점을 결합한 '전원도시(Garden City)'를 제시하였는데, 공기, 녹지, 자족경제 등 긍정적 개념을 담고 있었으나, 사회적 다양성과 충돌, 갈등은 도시 구상에서 의도적으로 배제되었다.

전원도시는 비정상적 삶의 리듬이나 존재를 감싸기보다는, 이들을 도시 밖의 '자연'이라는 중립적 공간으로 밀어내는 구조였다. 문제는 공간적으로 분리되고 지워질 수 있는 것이 아니라는 점에서, 하워드의 질서 또한 배제를 기반으로 했던 이상주의 도시에 가까웠다.

'근린주구 이론(Neighborhood Unit Theory)'의 질서지향적 도시계획은 기본적으로 산업화 이후 도시가 직면한 혼잡함, 환경 악화, 공동체 해체 등의 문제를 해결하고자 등장하였다. 기획자인 클라렌스 페리(Clarence Perry)는 도시를 질서 있고 안전한 생활공간으로 재구성하려 했다. 그는 도시 내에서 지역 공동체의 결속을 강화하고 교통사고 및 범죄 위험을 줄이며, 학교와 공원을 중심으로 안전하고 쾌적한 환경을 만들고자 했다.

이러한 기획 의도의 핵심은 도시의 익명성과 무질서로 인한 사회적 고립과 불안정을 해소하고, 이웃 간 교류를 촉진하여 지역사회를 활성화하는 데 있었다. 특히 근린주구 개념은 어린이와 노인 등 보행자들이 안전하게 생활할 수 있도록 자동차 교통으로부터 격리되고 보호된 생활환경을 지향하였다.

그러나 이러한 도시계획의 쾌적성, 안전성 추구가 때로는 도시 내 계급적 분리와 노동자 계층에 대한 암묵적인 차별로 이어졌다는 비판도 있다. 근린주구 이론을 현실화하는 과정에서 종종 경제적 여유가 있는 중산층과 그 이상의 계층들이 주된 수혜자가 되었고, 주택 가격의 상승과 계획적인 구획 설정이 가난한 도시 노동자들이나 소수민족, 이주민 계층을 암묵적으로 배제하거나 소외시키는 결과로 나타났다.

즉, 근린주구 이론의 이상적이고 질서지향적인 도시계획이 안전하고 쾌적한 환경을 제공한다는 의도와 달리, 실제 구현 과정에서는 사회·경제적 계급 차이에 따른 배타적 공간 구획으로 발전하며, 도시 노동자와 같은 저소득층에게 차별적이고 배제적인 구조를 만들 가능성이 내재해 있었다. 이러한 현상은 근린주구 이론을 바탕으로 계획된 대한민국 신도시 및 재개발 사업에서 종종 나타나는 원주민 이탈 문제와 결부된다.

이러한 근대 산업화시기의 도시계획은 도시의 다채로운 삶의 모습을 배제했다. 비공식 시장, 골목문화, 예술적 자율성은 위생과 통제라는 명목 아래 억압되었다. 배트맨 시리즈의 고담처럼 어둡고 복잡한 도시는 도시계획의 관점에서 비정상적 존재였지만, 오히려 그러한 복잡성이 도시의 생명력을 키우는 동력이 될 수 있음을 간과하였다.

현대 도시: 이미지 브랜드와 이상화

오늘날 도시들은 점점 더 '살기 좋은 도시', '스마트한 도시', '글로벌 창조도시'와 같은 수식어를 달고 브랜드화된 공간으로 재구성되고 있다. 도시가 더 이상 단지 삶의 터전이 아니라, 시각적이고 상징적인 자산이자 세계시장에 내놓을 경쟁력 있는 상품으로 기능하기 때문이다. 도시의 브랜드화는 도시를 마치 하나의 완성된 이미지처럼 연출하며, 그 안에 담긴 삶, 갈등, 혼돈, 다양성은 미학적으로 정리되거나 배제된다.

이상도시의 이미지는 이러한 도시 브랜드화의 핵심이다. 유리와 강철로 구성된 초고층 빌딩, 정돈된 공공공간, 스마트한 교통 시스템, 예술과 소비가 공존하는 복합문화지구는 모두 도시를 이상적으로 보이게 만드는 상징 장치다. 이러한 이미지는 '좋은 도시'를 시각적으로 설득하는 동시에, 그 도시가 품고 있는 불평등, 소외, 갈등의 요소들을 시야에서 지워 버리는 역할을 한다.

그러나 이와 같은 도시의 이상적 이미지 뒤에는 몇 가지 구조적 모순이 내재되어 있다.

첫째, 도시의 브랜드화는 실제 거주민보다는 외부 투자자, 관광객, 글로벌 기업의 시선을 우선시하는 구조를 낳는다. 고급 상업시설과 주거 단지 중심의 개발은 도시 내 저소득층과 비정규 노동자, 이주민을 주변으로 밀어내며 공간적 배제를 강화한다. 도시가 매끈해질수록 그 안에 '들어설 수 없는 사람'이 늘어나는 아이러니가 생긴다.

둘째, 공공공간은 점점 비정치적이고 통제된 장치로 바뀌고 있다. 깨끗하고 질서 정연한 이미지 유지를 위해 홈리스는 쫓겨나고, 광장은 감시 카메라와 차단 장치로 둘러싸이며, 시위는 도시 이미지에 '방해 요소'로 간주된다. 이러한 방식은 도시의 공공성을 외형적으로 보존하는 동시에, 실질적인 참여와 저항의 가능성은 축소하는 방식이다.

셋째, 브랜드화된 도시는 특정한 시민상을 전제로 작동한다. 스마트시티의 주인은 이동성이 좋고, 디지털 기기에 익숙하며, 경제적 자립 능력이 있는 '이상적 중산층 시민'이다. 도시 설계와 운영은 이러한 모델에 맞춰져 있으며, 삶의 방식이 다르거나 사회적 조건이 다른 사람들은 보이지 않게 밀려난다. 도시가 아름다워질수록, 그 안에서 살아가는 방식이 정형화되고 단조로워진다.

이러한 도시 브랜드화의 이면은 도시의 다층적 현실과 정체성을 하나의 이미지로 환원함으로써 생기는 정치적 위장의 문제이기도 하다. 장 보드리야르의 말처럼, 오늘날의 도시는 실재보다 그 '이미지'가 더 실재처럼 기능한다. 도시의 브랜드는 곧 도시 그 자체의 시뮬라크르이며, 그 이미지에 어긋나는 현실은 소비되지 못하고, 따라서 존재하지 않는 것처럼 처리된다.

앙리 르페브르의 공간 생산 개념 역시 이를 설명한다. 공간은 단순히 자연적으로 존재하는 것이 아니라, 권력과 자본이 생산하고 구성한 사회적 산물이다. 이상도시의 이미지 또한 중립적 이상이 아니라, 특정한 질서를 원하는 권력이 선택적으로 설계한 결과다. 그 공간은 누구를 포함하고 누구를 배제할 것인가를 결정하며, '질서'와 '안전'이라는 이름 아래 다수의 존재를 도시의 경계 밖으로 밀어낸다.

결국 이상도시는 포용적 도시가 아니라 선별적 도시다. 그 질서는 모두를 위한 것이 아니라, 규정된 시민상과 기준에 적합한 이들만을 위한 구조이며, 그 이미지가 완벽할수록 오히려 그 안의 모순과 배제는 더욱 은폐된다. 도시는 '이상'이라는 이름으로 누군가의 현실을 삭제하고, 보이지 않게 하고, 들리지 않게 만든다.

따라서 우리는 이상도시를 바라볼 때, 그것이 말하는 아름다움, 질서, 효율성 뒤에 누가 사라졌는가, 누가 도시에 포함되지 못했는가, 무엇이 침묵되었는가를 물어야 한다. 도시의 진실은 그것이 보여 주는 것이 아니라, 그것이 감추는 것으로부터 시작된다.

안전한 이상 도시의 신화, 그 뒤편의 질서

결론적으로, 승자의 도시와 빌런의 도시가 충돌하는 구조는 단순히 선과 악의 대립을 넘어, 도시 공간의 다양한 윤리적·사회적 층위를 드러내고 확장하는 역동적 기제로 작동한다. 도시의 승자는 질서와 안전, 이상적 윤리를 지키려는 힘이며, 빌런은 그 질서가 전제하는 배제와 억압을 비판하고 교란하는 존재다. 이들은 상호 파괴적이기보다, 서로의 존재를 통해 도시의 긴장과 다양성을 유지하고 견제하는 관계에 가깝다.

따라서 승자의 도시와 빌런의 도시는 대립을 통해 파국에 이르기보다, 오히려 공존과 견제를 통해 도시 공간을 단일한 질서가 아닌 다층적 의미의 장으로 확장한다. 이 긴장 관계는 도시를 이상만으로 환원하지 않게 하고, 동시에 파괴로만 몰아가지 않게 하는 도시적 역동성의 원천이 된다.

이처럼 도시가 끊임없이 자신을 재구성하고 재해석할 수 있는 가능성은, 바로 질서와 저항이 공존하는 이중 구조 덕분에 살아 있는 공간으로 남게 되는 조건이기도 하다. 고담이라는 허구의 도시는 그 이중성을 통해 현실 도시들이 지닌 복합성과 다양성, 그리고 그 안에서 살아가는 존재들의 충돌과 협상의 정치적 의미를 상징적으로 드러낸다.

빌런의 도시: 회복력의 역사

도시는 언제나 경계 위에 세워진 사람들의 삶의 집합체였다. 공식적인 질서의 이면, 제도와 규범의 틀을 벗어난 주변부에는 늘 또 다른 도시가 자라나고 있었다. 정치적으로는 배제되고, 경제적으로는 주변화되며, 문화적으로는 낙인찍혔던 그 장소들은 종종 '문제적 공간'으로 간주되었다. 그러나 역설적으로, 바로 이 경계의 도시들-때로는 '빌런의 도시'로 간주되었던 공간들은 도시 회복력(resilience)의 근원지로 작동해 왔다.

도시의 공식 서사는 정돈된 도로망, 기하학적 건축, 상류층의 삶을 중심으로 기술되지만, 그 이면에는 언제나 다른 이야기들이 존재해 왔다. 정체불명의 이민자, 하층민, 종교적 소수자, 범죄인, 도시 유랑자들로 구성된 이 '빌런적 주체들'은 도시 질서의 균열 속에서 비공식적 생존 전략과 공동체를 발명하며, 제도권이 감당하지 못한 도시 기능을 유지하고 전환했다.

이러한 회복의 역사는 고대에서 현대까지 반복적으로 나타난다. 밀레투스의 시민권 바깥에서 도시의 교역 기반을 떠받친 외부민, 로마의 트란스 티베르나 지역에서 공존한 이방인과 하층민의 자생적 질서, 알렉산드리아 유대인 공동체의 공간 조직과 자치, 중세 시에나 경계부의 공적-사적 공간의 혼재, 파리 벨빌의 이민자 문화와 정치적 저항, 뉴욕 파이브포인츠의 범죄와 문화가 얽힌 도시 실험 등은 도시의 비공식 경계에서 형성된 자생적 복원력의 역사적 사례들이다.

이들 도시는 겉보기엔 퇴폐적이고 무질서하며, 때로는 불온한 이미지로 기억되지만, 실제로는 도시 구조의 긴장을 완충하고, 새로운 질서를 실험하며, 변화의 씨앗을 품은 공간이었다. '빌런의 도시'는 단지 사회의 어두운 그림자가 아니라, 도시가 스스로를 갱신하고 재구성하는 데 필요한 유연성과 다양성을 상징하는 장소였다.

따라서 이제 우리는 도시사를 바라보는 방식에 근본적인 질문을 던져야 한다. 도시의 중심은 어디였으며, 그 회복력은 어디에서 비롯되었는가? 과연 공식적 권력과 제도만이 도시를 지탱해 왔는가, 아니면 배제되고 방치된 존재들로부터 도시의 생명력이 자라온 것은 아닌가?

이러한 문제의식을 바탕으로, 다음에서는 고대와 근현대를 가로지르는 역사적 사례들을 분석하고, 각 도시가 어떻게 '빌런의 도시공간'에서 회복의 동력을 발견했는지를 살펴보고자 한다. 단순한 과거의 서술을 넘어, 오늘날 도시의 활력과 회복을 위한 중요한 시사점을 제공하고자 한다.

식민도시 밀레투스

고대 이오니아의 대표적 식민도시인 밀레투스는 흔히 최초의 격자형 도시계획이 적용된 도시로 기억된다. 히포다모스(Hippodamus)의 이름과 함께 회자되는 이 도시의 이미지는 질서정연한 도시 공간, 합리적 기능 분할, 도시공간의 이상적 설계로 도시계획사의 중요한 위치를 차지하고 있다.

그러나 빌런의 도시학은 밀레투스가 품고 있는 또 다른 이면에 주목한다. 그것은 바로, 식민지 정착의 이방성, 경계인의 정체성, 그리고 질서 이면에 살아 숨 쉬던 비공식 공간들이다. 히포다모스가 구상한 밀레투스는 그리드형 도로 체계와 중심지 기능의 분화, 시민, 군사, 노동자의 구획 분리 등 매우 현대적인 도시계획 원칙을 보여주었다. 그러나 이러한 계획은 철저히 지배 권력과 식민 집단의 질서 유지를 위한 것이었다. 정복자로서의 이오니아인, 그리고 그에 복속된 토착민들은 도시의 공식적인 공간 속에서 동등하게 대우받지 않았다.

식민도시는 항상 '누구를 위한 도시인가'라는 질문을 안고 태어난다. 밀레투스의 그리드형 도시구조는 표면적으로는 합리와 질서의 구현이지만, 실제로는 식민 권력의 통제를 강화하고, 피지배 집단의 이동과 행위를 제한하는 공간 구조였다. 경계와 구획은 도시의 기능을 구분한 것이 아니라, 도시의 계층을 구획한 것이었다.

밀레투스는 기원전 7세기경부터 소아시아 연안에 흩어져 있던 다양한 민족과 교류하면서, 해양무역과 문화의 교차로 역할을 수행하였다. 겉으로는 개방적 도시로 기능했지만, 실제로 이곳은 피정복 토착민, 전쟁포로, 노예, 이민자, 유민이 끊임없이 유입되는 복잡한 도시였다.

  그들은 도시의 주거지 외곽, 항구 근처, 작업장 주변에서 임시 거주지를 형성하며 비공식적 생존을 이어 갔다. 이 공간은 '계획된 도시'에서 누락된, 그러나 도시를 실질적으로 유지시키는 또 하나의 도시였다.

  이 비공식 도시의 주민들은 생산의 기반이자 도시에 생기를 불어넣는 존재였지만, 항상 경계 밖으로 밀려나 있었다. 이들의 삶은 기록되지 않았고, 구조도에서 빠져 있었지만, 도시가 위기를 맞았을 때 가장 빠르게 적응하고 재구성하는 힘도 그들로부터 나왔다.

  밀레투스는 수차례 외부의 침공과 내전, 화재, 자연재해를 겪었다. 매번 도시가 파괴될 때, 계획된 중심부보다 먼저 살아난 것은 주변부, 즉 경계인들의 공간이었다. 장터, 수공업 지역, 선착장 근처의 가내생산 단지는 가장 빨리 기능을 회복했고, 혼종적 문화가 존재했던 곳은 새로운 질서를 가장 빨리 수용하고 응용했다.

  바로 이 지점에서 '빌런의 도시'가 갖는 회복성과 적응력이 드러난다. 도시의 공식적 설계가 보여 주는 질서가 외부 충격에 취약한 반면, 계획 밖의 공간에서 살아간 이방인들과 피지배자들의 네트워크는 복원력과 유연성, 그리고 감정적 연대를 바탕으로 도시를 다시 숨 쉬게 했다.

고대 로마의 트란스 티베르나

고대 로마의 트란스 티베르나는 오늘날의 트라스테베레(Trastevere) 지역으로, 로마 중심에서 티베르 강을 건너 외곽에 위치한 지리적·사회적 경계지대였다. 이곳은 로마의 권력과 질서가 집중된 중심부와는 달리, 다양한 민족, 피지배층, 이민자, 해방노예, 종교적 소수자들이 거주했던 '도시의 그림자' 같은 장소였다. 로마가 질서와 위계, 법의 체계로 유지되던 도시였다면, 트란스 티베르나는 그 바깥에서 비공식적이고 자유로운 방식으로 살아가는 이들의 삶의 터전이었다.

이 지역의 역사적 의미는 단지 도시 외곽이라는 공간적 분류에 머물지 않는다. 트란스 티베르나는 로마의 도시계획 안에서 배제되고 주변화된 계층이 모여 공동체를 구성하며 자율적으로 살아간, 저항과 회복의 상징적인 공간이다. 로마 제국의 정치적 질서나 군사적 통제가 미치지 못했던 이 구역은 결과적으로 다양한 문화와 종교가 공존할 수 있는 토양이 되었고, 이는 로마라는 제국 안에서 독자적인 정체성과 생명력을 유지해 온 예외적 공간으로 발전했다.

특히 이곳은 초기 기독교인들이 박해를 피해 은신하거나 예배를

드리던 장소로 기록된다. 이는 단순한 공간적 배제의 결과가 아니라, 그 배제의 틈에서 새로운 문화적·정서적 커뮤니티가 형성되었음을 뜻한다. 종교적 저항이 사회적 실천으로 이어졌고, 감정과 기억이 축적된 공간은 시간이 지나면서 로마의 문화적 다양성과 회복탄력성을 대표하는 장소가 되었다.

트란스 티베르나는 고대 로마의 '빌런의 도시'라고 할 수 있다. 주류 정치와 문화의 중심에서 밀려난 사람들이 형성한 이곳은, 도시의 질서 너머에서 자유롭고 자율적인 감정의 도시를 만들었고, 이는 결국 '진짜 로마'의 감성을 보존한 장소로 남았다. 현대 로마에서 이 지역은 예술가와 젊은 세대, 외국인 관광객이 가장 로마다운 정취를 찾는 공간이 되었고, 이는 곧 주변부의 회복이 도시 정체성 전체를 재구성할 수 있다는 사실을 증명한다.

트란스 티베르나의 도시는 질서와 통제 중심의 계획도시가 담보하지 못한 다양성과 감정, 기억과 자율성이 도시 발전에 어떻게 기여할 수 있는지를 도시사적으로 보여 준다. 빌런의 도시학적 관점에서 볼 때, 트란스 티베르나는 회복과 저항의 역사를 품은 가장 오래된 도시 실험이자, 현대 도시계획이 되돌아봐야 할 공간적 유산이다. 이처럼 소외되고 배제된 공간이 오히려 도시의 진정성과 매력을 구성하는 데 기여해 왔다는 사실은, 도시를 바라보는 기존의 권력 중심적 관점에 대한 비판적 성찰을 요구한다.

고대 알렉산드리아의 유대인 구역

고대 알렉산드리아는 기원전 332년 알렉산더 대왕에 의해 건설된, 고전 도시계획의 정수를 보여 주는 헬레니즘 도시다. 이 도시는 지중해 무역의 중심지이자, 그리스-이집트-유대 문화가 공존했던 고대 세계의 가장 다문화적이며 역동적인 도시 중 하나였다. 이 도시 안에 존재했던 유대인 구역(Jewish Quarter)은 단순한 소수민족의 거주지가 아니라, 경계의 공간이었으며, 정체성의 충돌과 회복의 서사가 켜켜이 쌓인 장소였다.

알렉산더는 도시를 건설하며 유대인 공동체의 정착을 허용했고, 이들은 곧 도시의 5개 주요 행정구역 중 하나인 '델타(Δ)' 구역을 중심으로 자치적인 공동체를 형성했다. 초기의 알렉산드리아 유대인은 단지 이방인 거주민이 아니라, 금융과 세무, 학문과 철학, 상업과 외교에 이르기까지 폭넓은 도시 역할을 담당했다. 이들의 자치권은 헬레니즘의 관용정책에 기반한 것이었고, 필로(Philo)나 아리스토불로스 같은 유대-헬레니즘 철학자는 이 도시를 기반으로 활동했다.

그러나 도시공간에서의 공존은 언제나 평등한 것이 아니었다. 유대인들은 델타 구역을 중심으로 높은 자치권을 누렸지만, 그 구역의 물리적 경계는 곧 정치적 긴장을 상징하기도 했다. 기원후 38년, 알렉산드리아에서 발생한 대규모 반유대인 폭동은 이러한 경계의 파열음을 상징적으로 드러낸 사건이다. 이 사건은 단지 종교 간 갈등이 아닌, 도시의 공간 권력에 대한 쟁탈전이었다. 그리스계 도시 엘리트는 유대인을 '비시민'으로 타자화하며, 도시 공간 내에서 그들의 존재를 부정하려 했다. 이는 도시의 경계가 단순한 지도상의 구획이 아닌, 권력의 구조라는 사실을 드러낸다.

유대인 구역은 이러한 갈등 속에서도 회복의 이야기를 써 내려갔다. 비록 로마 제국 시기 반란과 진압으로 공동체가 위축되었지만, 이후 이슬람 통치기와 근대에 이르기까지 이 구역은 재정비되었고, 19세기 말까지 유대인 공동체는 알렉산드리아에서 상업, 교육, 의학의 중심 세력으로 부활하게 된다. 이는 도시 주변부의 공간이 단지 낙후된 게토가 아니라, 역사와 기억, 저항의 서사를 품은 '회복의 장소'로 기능할 수 있다는 사실을 증명한다.

이처럼 알렉산드리아의 유대인 구역은 도시계획적 관점에서는 '비공식 도시의 원형'이며, 빌런의 도시학적 관점에서는 사회적으로 낙인 찍힌 공동체가 그들만의 문화와 질서, 감정과 기억을 통해 공간을 점유하고 확장해 낸 하나의 전략적 모델로 해석될 수 있다. 현대 도시의 다양한 경계 지역, 예컨대 파리의 바뇌, 뉴욕의 차이나타운, 서울의 대림동과 같은 공간은 이 고대 구역과 유사한 맥락을 공유하고 있다. 알렉산드리아의 유대인 구역은 도시라는 공간이 어떻게 권력과 저항, 낙인과 회복의 전장으로 기능하는지를 보여 주는 상징적인 사례다.

중세 아비뇽 교황청 성벽 외곽의 빈민 주거지

14세기 초, 프랑스 남부의 도시 아비뇽은 단순한 지역 도시에서 일약 유럽 가톨릭 세계의 중심지로 떠올랐다. 교황청이 로마에서 이탈해 이곳에 본거지를 두었던 약 70년(1309~1377)은 이른바 '아비뇽 유수 시대'로, 도시의 권력과 공간 구조가 전면적으로 재편된 시기였다.

교황청이 들어선 성벽 안 도시는 순식간에 고위 성직자, 귀족, 외교관, 상인 등 엘리트 계층으로 채워졌다. 성안에는 행정, 종교, 군사시설이 집중되었고, 도시의 경제는 공공조달, 건축사업, 성직매매(Simony) 등으로 급팽창했다.

아비뇽 성벽은 도시 방어를 위한 물리적 장벽이자, 사회적 경계의 상징이었다. 성벽 안은 교황의 권위와 질서를 상징했고, 바깥은 그 권위로부터 배제된 자들이 몰려든 장소였다. 여기에 몰린 사람들은 건축 노동자, 하급 성직자, 식료품 상인, 매춘부, 부랑자, 피난민 등이었으며, 이들은 비공식적 움막과 좁은 골목, 하수구와 성 밖 해자 주변에 거주했다.

이 공간은 질서에서 이탈한 '무규칙적 도시'였다. 물과 위생시설은 부족했고, 홍수와 질병의 위험은 도심보다 훨씬 높았다. 그러나 아이러니하게도, 이러한 공간은 도시 안 권력의 이면을 반사하는 거울이었으며, 계급적 배제를 시각적으로 드러내는 도시의 외피였다.

교황청 외곽의 빈민 주거지는 당시 기독교 도시에서 '도덕적 타락의 장소'로 지칭되었지만, 이 공간은 실은 경제적 기생과 문화적 생존의 경합지대였다. 이곳에서는 합법과 비합법, 성직과 세속의 경계가 뒤섞였다. 많은 여성들이 공식적인 길드는 없지만 노동 혹은 매춘을 통해 생계를 꾸렸고, 일부 공동체는 공예, 거리예술, 민속 신앙을 바탕으로 나름의 자율적 질서를 형성했다.

특히 흑사병 이후에는 이 지역이 도시 재편과정에서 자발적인 거주지 회복을 이룬 공간으로 주목받기도 한다. 사람들은 성벽 외곽 폐허지에 공동체 기반 시설(소규모 채플, 공동 수도 시설, 공동 작업장)을 세우며, 비공식 도시로서의 '하위 정주권'을 주장했다.

아비뇽 교황청 외곽의 빈민 주거지는 중세 도시의 '그림자 공간'이었다. 이는 도시계획서에 기록되지 않는 비공식 도시였지만, 권력과 도시 기능의 유지에 있어 없어서는 안 될 장소였다. 바로 이러한 '경계적 공간'에서 도시의 회복력, 다양성, 자발적 생명력이 형성되었다.

중세도시 시에나: 경계와 외지인

시에나는 12~14세기 이탈리아 도시국가 체제하에서 독립성과 공동체 정체성이 극도로 강화된 도시였다. 특히 '콘트라다(Contrada)'라 불리는 도시 내 자치 구역은 시에나 시민의 정체성을 강력히 규정했다. 각 콘트라다는 고유의 깃발, 축제, 동물 상징, 수호성인을 갖고 있었으며, 시민은 출생 혹은 거주를 통해 해당 콘트라다의 일원이 되었다.

 이러한 구조는 내부 연대를 강화하는 동시에, '타자'에 대한 구조적 경계선을 강화하는 메커니즘으로 작동했다. 이는 외지인뿐 아니라, 콘트라다 소속이 불분명하거나 부유한 이주자, 하층민 등에 대해 도시 공간에서의 은근한 배제와 구분을 고착시키는 효과를 낳았다.

 시에나의 대표적인 전통 행사인 팔리오 경마(Palio di Siena)는 각 콘트라다 간의 경쟁을 극대화하는 이벤트다. 이 축제는 단순한 마을 대항전이 아니라, 도시 구성원들 간 결속을 재확인하는 의례이자, 도시 '안'과 '밖'을 상징적으로 구분하는 장이었다.

 외지인은 이 축제에 관객으로 참여할 수는 있지만, 본질적 참여자(기수, 지지자, 스폰서 등)로 포함되기 어려웠다. 도시 내부 질서와 의례는 외부인의 개입을 경계하며, 이로 인해 '우리 안의 질서'를 타자와 구분 짓는 문화적 장치로 기능했다.

 빌런의 도시학 관점에서 시에나의 사례는 도시 공동체가 스스로의 질서를 유지하기 위해 어떻게 공간적 경계를 강화하고, 특정 집단을 '빌런화'하는가를 보여 준다. 콘트라다는 공동체적 연대의 상징이지만, 동시에 공간 권력의 독점과 외부자에 대한 견고한 폐쇄성을 내포한다.

 시에나의 역사적 사례는 도시가 내부 질서를 지키기 위해 경계를 구축하고, 그 경계 밖의 사람들을 '타자화'함으로써 안정성을 추구해 왔음을 보여 준다. 그러나 오늘날 도시가 더 큰 창의성과 회복력을 확보하려면, 이러한 경계적 사고를 넘어서야 한다.

'빌런의 도시학'이 제안하는 관점은, 경계에 선 자들-이주민, 소외계층, 도시 바깥의 사람들-이야말로 미래 도시의 다양성과 감정적 깊이를 보장하는 구성원이라는 점이다. 시에나의 경계를 넘나드는 이들의 경험은, 현대 도시가 과연 누구를 위해 설계되고 있는지를 묻는 귀중한 시사점을 제공한다.

산업혁명기의 빌런의 도시

산업혁명 시기(18세기 후반~19세기)의 '빌런의 도시'는 산업화로 급속히 팽창하면서 도시계획의 통제 밖에서 형성된 노동자 계층의 거주지, 범죄와 빈곤이 집중된 지역, 그리고 당대 엘리트 담론에서 '도시의 병리'로 간주된 공간이다. 산업혁명은 도시를 단숨에 팽창시켰고, 그 안에서 질서와 통제를 벗어난 또 다른 도시가 자라났다. 계획되지 않은 도시, 규범의 시선에서 벗어난 도시, 그리고 사회적 타자들이 밀집한 공간―'빌런의 도시'였다. 이 공간은 도시의 실패로 간주되었지만, 역설적으로 도시 생명력과 회복력의 핵심이기도 했다. 이곳은 자생적 커뮤니티, 종교적 결속, 협동조합이 발달한 곳으로, 도시 저항과 자립의 근거지이기도 했다. 그러나 빌런의 도시처럼 이들의 존재는 인정받지 못했고, 도시계획은 이들을 '정화' 대상으로만 간주했다.

19세기 말 런던의 이스트엔드는 노동자와 유대인, 아일랜드계 이민자가 몰려든 지역이었다. 좁은 골목, 어두운 뒷골목, 낙후된 주거지로 구성된 이 지역은 언론과 도시계획자들에게 '도시의 암(癌)'으로 낙인찍혔다. 특히 화이트채플은 잭 더 리퍼 사건으로 공포와 타락의 공간으로 묘사되었으나, 실제로는 서로 다른 공동체가 문화적 정체성을 유지하며 살아가던 복합공간이었다.

맨체스터 안코츠는 말 그대로 노동자의 도시였다. "검은 공장들, 매캐한 하늘, 지하실에 사는 아이들"–프리드리히 엥겔스가 묘사한 1840년대 맨체스터 안코츠는 '도시의 발전'이라는 이름 아래 인권과 위생, 주거의 기본적 기준이 무시된 공간이었다. 이 지역은 말 그대로 자본주의 도시화의 가장 추악한 실험실이었다.

하지만 그 속에서도 공동육아, 노동자 출판 운동, 조합 결성 등의 활동이 벌어졌고, 이러한 집단적 생존 전략은 이후 도시 사회운동의 기초가 되었다. 계획된 도시는 아니었지만, 살아 움직이는 사회가 형성된 '비공식 도시'였던 것이다.

오스망 시장의 대규모 도시 정비 이전, 파리는 중세의 미로 같은 거리와 수많은 빈민가로 구성되어 있었다. 이곳에서 1830년, 1848년의 혁명이 터져 나왔다. 혁명의 도화선은 늘 도시의 경계에서 타올랐다. 바리외(Banlieue), 즉 도시 외곽은 통제되지 않은 인간 군상의 모순이 뒤엉킨 곳이었고, 파리 시민들이 자율적 연대를 기반으로 저항의 물결을 형성한 공간이었다.

결국, 파리는 계획을 통해 이러한 '빌런의 도시'를 제거하려 했지만, 그 흔적은 오늘날까지도 바스티유, 마레 지구, 북부 외곽 등에 남아 도시의 유전자처럼 작용하고 있다.

파리의 벨빌언덕

벨빌은 파리 동북부에 위치한 지역으로, 이름 그대로 '아름다운 도시'를 뜻하지만 그 속은 복잡다난한 도시 이력과 이질성이 켜켜이 쌓인 공간이다. 이 언덕은 역사적으로 파리 외곽에 속해 있었으며, 중앙 집권적 도시 계획에서 한동안 제외되어 온 지역이다. 그 덕분에 벨빌은 언제나 공식적 도시 질서로부터 느슨하게 연결된 경계지대로 기능해 왔다.

전통적인 파리 중심부가 규율과 역사, 고급문화의 상징이라면, 벨빌은 이질성과 저항, 실험과 감정이 숨 쉬는 도시공간이다. 19세기부터 노동자, 예술가, 혁명가들의 거점이었으며, 특히 20세기 후반 이후에는 알제리, 튀니지, 모로코, 중국, 베트남 등 다양한 배경의 이주민들이 몰려들었다. 벨빌의 가파른 골목, 낡은 공동주택, 스트리트 아트로 뒤덮인 벽, 작은 시장과 포장마차는 파리 중심가의 질서정연한 석조 건축과 전혀 다른 생동감을 지닌다.

한때 범죄와 빈곤, 마약으로 인해 '위험지대'로 여겨졌던 벨빌은 1990년대 이후 문화예술계의 새로운 아지트가 되었다. 빈 공간은 창작의 실험실로, 낡은 건물은 그래피티 아트의 캔버스로 전환되었으며, 거리 공연과 대안적 문화 기획이 벨빌 곳곳에서 살아 움직이고 있다. 이러한 변화는 단지 '젠트리피케이션'의 초기 단계가 아니라, 배제된 공간의 반격이자, 기존 도시계획에 도전하는 감정적·기억적 공간의 형성이다. 즉, 벨빌은 도시의 외곽에서 도시를 다시 상상하게 만드는 중심의 반대극점이다.

뉴욕 파이브 포인츠

파이브 포인츠는 뉴욕 로어 맨해튼에 위치한 초기 이민자들의 공동체가 형성된 구역으로 두 개의 교차로가 다섯 개의 모퉁이를 형성한다고 해서 '파이브 포인츠'로 불리게 되었다. 이 지역은 70년 이상 지속된 대표적인 미국의 빈민가로 악명이 높았다. 20세기 이후 도로가 변경되고 지속적인 재개발 압력을 받아 뉴욕시 행정청사와 법원 관련 교정시설(법원, 구취소 등)들이 모여 있다. 특히 지구 북동쪽과 동쪽 부분은 차이나타운에 속한다.

파이브 포인츠는 뿌리 깊은 이민 역사와 빌런들의 각축장이었다. 1810년대까지 영국계 미국인들의 빈민가였다면, 1820년대 대기근을 피해 건너온 아일랜드계 가톨릭 이주자들이 대거 몰리면서 영국계 이주민과의 주도권 싸움이 시작되었다. 이 지역의 살인율은 매우 높았으며, 원주민과 아일랜드계의 폭력양상은 통제가 불가능하였다.

레오나르도 디카프리오 주연의 '갱스 오브 뉴욕(Gangs of NY)'은 당시 원주민과 아일랜드계 폭력조직의 충돌을 그린 대표적인 영화이다. 초기 이민자의 두목인 '빌 더 부처'가 아일랜드계 대표 격인 '프리스트 발론'을 살해하면서 아들인 '암스테르담'(디카프리오)의 복수 과정을 긴박감 넘치게 그린 영화로 당시 파이브 포인츠를 다양한 이권과 욕망이 부딪치면서 사기, 도박, 매춘 등의 범죄가 끊이지 않는 무법천지로 묘사하고 있다.

영화 도입부의 아일랜드계 이민자들이 거주하는 공간으로 올드 브루러리(Old Brewery)라는 양조장 지하의 집단 주거 모습을 보여 주는데, 거대한 지하공간에 목재를 이용해 마치 수용소를 연상케 하는 이미지는 당시의 빈곤 수준을 보여 주는 데 충분하였다.

영화를 통해 보이는 파이브 포인츠의 폭력과 빈민 양상은 단지 갱들의 충돌과 이민자들의 빈곤으로만 묘사되고 있지 않다. 내용적으로는 정치적인 요인으로 인한 이권과 개입, 남북전쟁 시대의 인종차별과 이민자들 간의 종교적 이질성에 의한 충돌 등 다양한 모습의 불합리성과 빌런들의 개입이 존재한다.

파이브 포인츠는 이탈리아 이민자들과 중국계 이민자들의 대거 유입으로 아일랜드계 이민자들의 시대는 막을 내리게 된다. 이후 이 지역은 이탈리아 마피아와 중국 삼합회의 거점이 되어 향후 빌런의 도시공간으로 100년을 더 지속하게 된다.

맨해튼의 파이브 포인츠는 미국 이민 역사와 도시 성장의 대표적

성장 동력인 다양성과 균형을 상징하는 뉴욕의 대표적인 공간이다. 뉴요커들은 이런 거친 삶의 살아온 자신들의 조상과 역사 속에서 정체성을 찾는다고 한다. 이민자들이 최초로 도착하는 항구도시 뉴욕의 거친 역사 속에서 세계 최고의 도시로 성장시킨 개척정신과 서로 다른 이념과 인종의 이민자들과의 충돌과 갈등을 균형 잡아 온 자신들에 대한 존경과 자부심이 새삼 느껴진다.

뉴욕의 할렘

할렘은 미국 뉴욕시 맨해튼 북부 흑인 거주지구이다. 센트럴파크 북쪽 116번가에서 155번가에 걸쳐 있다. 빈민가 혹은 흑인 빈민가를 지칭하는 대명사로도 사용되었다. 1658년 뉴네덜란드의 총독 페터 스토이베산트가 네덜란드의 도시 하를럼을 따서 이름을 지어 정착지를 설립한 것이 기초이다. 할렘은 19세기까지 주로 유대인과 이탈리아계 미국인이 거주했지만, 1910년에서 1970년 사이 600만 명의 아프리카계 미국인이 남부 시골지역의 차별로부터 벗어나 북부와 서부로 대이동(Great Migration or Black Migration)하면서 흑인 거주지역으로 바뀌기 시작했다. 할렘으로 이주한 흑인들은 1930년 대공황 동안 집단적 실직과 탈산업화의 가속으로 빈곤율과 범죄율이 크게 증가하게 되었다.

영화 '아메리칸 갱스터'는 할렘의 마약왕이었던 프랭크 루커스를 다른 영화로 당시 대낮에 살인을 해도 주민들이 묵인하는 모습을 통해 지역적 고립과 커뮤니티의 결속, 빌런들의 온상이었던 할렘의 모습을 쉽게 이해할 수 있다. 또한, 부르스 윌리스가 주연했던 '다이하드 3'에서 존 맥클레인이 'I hate Niggers'라는 팻말을 들고 홀로 할렘을 거닐었을 때 제우스(사무엘 잭슨)가 아이들에게 말한다.

"저 사람 죽기 전에 빨리 경찰 오라고 해."

제우스의 말을 보면 영화가 나온 1995년만 해도 할렘의 악명이 상당했음을 알 수 있다.

할렘도 여느 게토와 같이 낮은 교육수준, 경제적 빈곤, 갱단, 마약 문제로 오랜 기간 도시 내 빌런들의 공간으로 낙인찍혔지만, 점차 외부로 인구가 유출되면서 공동화의 수순을 밟게 되었다. 어둠이 깊어지고 거주가 힘들어지면 인구는 줄고, 도시는 텅텅 비게 되고, 토지가는 떨어지게 된다. 정부와 자본은 이런 틈을 놓치지 않는다. 낮은 토지가를 바탕으로 재개발이 이루어지면서 젠트리피케이션이 가속화된다.

무분별한 젠트리피케이션은 기존 지역의 문화적 다양성을 무시하고, 특색을 사라지게 하는 특징이 있다. 뉴욕시와 할렘 원주민은 최근까지 젠트리피케이션의 문제와 지가상승의 문제를 막기 위해 개발업자를 규제하는 법을 시행하기 위해 노력했다.

집단적 이주와 고립된 주거는 그들만의 독특한 문화를 형성하게 된다. '할렘 르네상스'라는 말은 1920년대부터 할렘의 흑인 음악, 미술, 쇼 등 문화예술의 정체성을 의미한다. 다양한 음악가와 작가, 공연 등 볼거리가 많은 할렘은 21세기 들어 젠트리피케이션이 발생하면서 자본이 유입되고 대중적인 장소로 다시 각광받게 된다.

친숙한 분위기의 재즈 클럽, 소울 푸드 레스토랑, 흑인 문화 유산으로 오랫동안 알려진 할렘은 다양한 현지인과 방문객이 찾는 곳이다. 트렌디한 레스토랑, 스타일리시한 클럽, 세련된 바가 활기 넘치는 나이트라이프를 만들어 낸다. 이곳에는 다양한 19세기 브라운 스톤 건물과 현대식 고층 건물이 자리하고 있다.

영화 '스파이더맨: 홈커밍'(2017)에서 벌처(툼스)는 뉴욕시의 재건 현장에서 쫓겨나며, 사회 시스템에 대한 분노로 범죄자가 된다. 그는 토니 스타크와 어벤져스의 '정리 사업'으로 인해 일자리를 잃고, 외계 기술을 훔쳐 무기를 제조해 부를 축적한다. 이때 그가 활동하는 공간은 브루클린의 창고, 지하실, 교외의 폐건물 등 도시의 비가시적 영역들이다. 그는 말한다.

"그들은 위에 있고, 우리는 아래에 있지."

영화 '범죄도시'와 '청년경찰'의 배경, 중국동포타운

한국의 외국인 집단 거주지로 알려진 도시공간은 중국동포타운이다.

2008년 10월 법무부 통계에 따르면 구로구에 거주하는 중국동포는 총 25,957명이다. 그중 가리봉동에 7,712명이 살고 있고, 구로동을 비롯한 6개 동에 16,941명이 거주하는 것으로 집계되었다. 또한 2009년 7월 행정안전부에서 실시한 외국인 주민 현황 조사 결과에 따르면, 구로구에 거주하는 중국동포는 32,456명으로 1년 사이에 7천 명 정도 늘어난 것을 알 수 있다. 이는 구로구에 거주하는 이주민의 수가 빠르게 증가하고 있음을 증명하는 것이다.

전체 183만 명의 중국동포 중 근 80만 명이 한국에 장기체류하고 있으며 이 중 서울시에 27만 명, 서울시 서남권에 17만 명, 영등포에 5만 명 이상이 거주하고 있다. 특히 대림2동은 중국동포의 비율이 내국인을 초과할 정도이다.

가리봉동 중국동포타운을 배경으로 한 대표적인 영화로 '범죄도시'가 있다. 중국동포들이 살면서 발생하는 크고 작은 범죄를 배경으로 벌어지는 사건을 소재로 크게 히트한 영화이다.

대림동은 국내 최대 규모의 차이나타운이며 중국동포타운이다. 법적 지위의 개선 및 한중경제문화교류의 활성화와 더불어 지역경제가 많이 발전하고 하고 있다. 중국 동북3성이 한중수교 초기 한중

양국의 연결고리가 되었듯 대림동 역시 한중교류 및 문화가 만나는 곳으로 자리매김하고 있다. 서울시는 대림동의 발전을 위하여 차이나타운 건설을 계획하였으나 일부 주민들의 반대로 무산되었다.

대림동에는 약 700개소의 중국인, 중국동포가 운영하는 음식점, 상점, 문화시설, 단체, 언론사, 여행사, 행정사사무소, 학원, 은행 등이 있어 명실상부한 재한중국동포사회의 '수도'역할을 하고 있으며 이 지역의 장소적, 인적, 문화적, 교육적, 경제적 에스닉자원들을 활용한 콘텐츠 개발을 통한 대림동만의 지역적 특성을 지닌 지역발전을 가져올 수 있을 것이다.

'청년경찰'은 대림동 중국동포타운을 위험한 지역으로 부정적으로 묘사하여 주민들이 많은 피해를 입었다고 소송을 걸기도 했다. 주민들과 상인들은 피켓을 들고나와 항의하는 시위를 하기도 해 영화가 주는 긍정적인 효과와 함께 부정적인 면까지 보여 주는 단적인 예가 되기도 하였다.

서울 대림동이나 안산 원곡동만큼 언론에 많이 알려지지 않은 곳이지만 중국동포 사이에서 정왕동은 손꼽히는 중국동포 밀집거주지역이다.

지하철 4호선 신길온천역과 정왕역이 이어지는 구간, 서해와 면해 있는 정왕동은 1980년대 이후 시화공단과 반월공단 배후지로 조성되면서 다세대주택가와 상권이 형성되었다. 초기에는 공장노동자들을 대상으로 한 술집들이 많았고 오락시설들이 많았던 곳이었다고 한다. 이런 곳이 양꼬치, 샤브샤브 등 중국식당이 들어서면서 중국 동포 상권으로 새로운 활력을 찾기 시작한 때는 2010년 이후부터이다. 방문취업 동포가 많이 들어오고, 또한 공장노동자로 2년간 성실 근무하면 재외동포 체류자격을 부여해 주는 정책을 실시할 때와 거의 맞물린다.

관용성의 도시: 제인 제이콥스의 반란

도시사회학자 제인 제이콥스(Jane Jacobs)는 20세기 초반 근대 도시계획이 도시를 지나치게 기능적으로 구획하고 질서정연한 공간으로 구성하려 했던 점을 비판하며, 오히려 도시의 본질은 다양성과 복합성, 그리고 역동성에 있다고 주장했다.

제이콥스가 이러한 주장을 펼치게 된 배경에는 1950~1960년대 미국 도시들, 특히 뉴욕에서 추진되었던 대규모 재개발 사업이 있었다. 당시 미국에서는 자동차 중심의 고속도로 건설과 대규모 주택단지 조성을 통해 도시를 재정비하려 했는데, 대표적인 사례가 뉴욕의 로버트 모지스(Robert Moses)가 주도한 도심부의 도시 재개발 프로젝트였다.

모지스의 재개발 계획은 낡고 오래된 지역을 철거하고 대신 고층 건물과 넓은 도로, 질서정연한 신도시적 주거단지를 만드는 것을 목표로 했다. 그러나 이 과정에서 오래된 도시공간이 가진 고유한 지역사회와 사람들의 삶이 파괴되었고, 사회적 유대감이 무너지는 결과가 나타났다. 특히 뉴욕 맨해튼의 그리니치 빌리지(Greenwich Village)는 모지스의 대규모 도시계획에 따라 철거될 위기에 처했으며, 이는 제이콥스가 도시계획에 관심을 갖고 직접 도시운동에 참여하게 되는 결정적인 계기가 되었다.

제이콥스는 이 사건을 통해 도시의 삶이 무질서와 혼합된 환경 속에서 오히려 활성화되며, 인간적이고 역동적인 공동체는 계획적 통제가 아니라 자연스러운 사회적 상호작용을 통해 유지된다는 통찰을 얻었다. 그녀는 사람들이 거주하고 활동하는 공간이 엄격한 질서나 기능적 분리로 형성될 때 오히려 사회적 고립, 범죄 증가, 공동체 파괴와 같은 문제가 생긴다고 경고했다.

이러한 제이콥스의 문제의식은 그녀의 저서 『미국 대도시의 죽음과 삶(The Death and Life of Great American Cities)』(1961)에서 잘 드러난다. 이 책에서 그녀는 뉴욕을 주요 대상으로 도시의 혼합된 용도, 보행 중심의 거리 환경, 인간적 스케일, 자연스러운 사회적 감시 등을 강조하며, 도시의 진정한 질서와 활력은 계획적이지 않은 자생적이고 일상적인 삶 속에서 형성된다고 역설하였다.

결국 제인 제이콥스는 근대 도시계획이 간과한 도시의 자연적 질서와 복잡성을 지키고자 했으며, 이로 인해 기존의 계획적 접근을 거부하고, 도시가 시민의 일상과 자발성에 따라 자연스럽게 성장하도록 해야 한다는 새로운 도시관을 제안하였다.

도시계획의 딜레마: 질서인가, 관용성인가?

도시계획은 언제나 이상적인 삶의 공간을 추구한다. 질서 있고, 효율적이며, 모두에게 안전한 공간은 도시계획의 궁극적 목표처럼 보인다. 구글에서 일반적인 도시계획의 정의를 살펴보았다.

> "도시 계획은 도시의 바람직한 미래상을 정립하고, 이를 실현하기 위해 도시의 발전 방향을 예측하고 규제, 유도, 정비 등을 통해 건전하게 관리하는 일련의 과정이다. 즉, 도시의 공간적, 경제적, 사회적 측면을 고려하여 다양한 활동이 효과적으로 배치되도록 계획하는 것을 의미한다."

도시계획의 '미래상'은 유토피아적이며, 이를 위한 수단으로 법을 통한 '규제', 인센티브를 통한 '유도', 효율적 유지관리를 통한 '정비'라는 수단을 통해 '건전'하고 쾌적하게 관리한다는 의미이다. 한마디로 '도시는 질서(Oder)를 지향하고 효율성을 극대화하여 안정적이고 경제적인 성장을 추구한다'고 요약할 수 있다. 그러나 이러한 질서

지향은 때로 관용성(Tolerance)과 창의성, 비공식적인 삶의 방식들을 억누르는 결과를 초래할 수 있다는 점을 간과해 왔다. 질서와 효율성은 도시의 안전을 위해 추구해야할 마땅한 가치이지만, 도시를 구성하는 인간의 삶과 욕망을 통제하기는 그리 녹록치 않다. 여기서 도시의 관용성이란, 다음과 같이 정의할 수 있다.

"다양성을 수용하고 서로 다른 배경, 문화, 신념, 성 정체성, 인종, 언어 등을 가진 사람들이 평등하게 존중받고 공존할 수 있는 도시의 특성이나 태도를 말한다."

좀 더 구체적으로 설명하자면, 도시 공간에서 다양한 사람들이 함께 살아가며 다름을 이유로 차별하거나 배제하지 않고, 서로를 이해하고 수용하려는 사회적 태도와 제도적 기반을 의미한다.

관용성은 현대 도시에서 점점 중요해지는 가치로, 도시공간이 특정 집단에 의해 독점되지 않고 모든 시민이 자유롭게 이용할 수 있도록 하는 데 중점을 둔다. 하지만 관용성을 강조할수록 도시계획에서의 일관성과 통제가 약화될 수 있다는 우려도 제기된다. 이는 공공 공간의 무질서, 안전성 저하, 기능적 혼란으로 이어질 가능성을 내포하고 있다.

도시계획에서 질서와 관용성은 단순히 양자택일의 문제가 아니다. 두 개념은 상호 긴장 속에서도 보완적 관계를 형성할 수 있으며,

오히려 지속 가능한 도시를 구축하기 위해서는 이들의 균형이 필수적이다. 질서를 통해 기본적인 사회 구조와 안전을 유지하면서, 관용성을 통해 다양한 시민의 삶과 문화를 수용하는 도시야말로 진정한 의미에서 살기 좋은 도시라고 할 수 있다. 각기 다른 계층과 계급이 존재하고, 자본의 불평등한 배분과 개인 능력의 차이로 인해 도시 내 수많은 공간에서 다양한 방식으로 충돌하고 때로는 조화를 이루는 것이 진정한 도시적 삶이다.

이 장에서는 도시계획의 역사적 맥락 속에서 '질서'와 '관용성'이라는 두 가치가 어떻게 충돌하며, 빌런의 도시학에서 그 틈을 어떻게 드러내는지 탐색하고자 한다. 일반적으로 오랜 역사를 가진 도시들은 기나긴 시간 속에서 다양한 갈등을 겪으며 질서와 관용성이 공존하며 지속적으로 성장할 수 있는 체계를 갖추고 있다. 때로는 질서의 가치가 강화되고, 때로는 관용성의 가치가 중요시되는 시기도 있다. 두 가치는 결코 배타적인 가치라 단언할 수 없지만, 21세기의 현대도시에서는 다양한 산업, 다양한 경제주체, 다양한 계층, 다양한 인종과 갈등이 존재한다는 사실에 비추어 가치의 중요성을 판단할 필요가 있다.

도시계획은 중립적인가?

도시계획은 항상 가치 판단을 필요로 한다. 질서를 추구한다는 것은 어떤 삶의 방식을 정당화하고, 다른 방식은 억압하는 선택일 수밖에 없다. 빌런의 등장은 그 억압된 목소리의 상징적 귀환일 수 있다.

따라서 현대 도시계획은 질서와 다양성 사이에서 균형을 고민해야 한다. 도시가 진정한 의미의 공존 공간이 되기 위해서는, 도시의 어두운 층까지도 통합하려는 시선이 필요하다.

도시계획이라는 활동은 본래 도시 내 다양한 이해관계와 가치관이 충돌하는 영역이기에, 완전히 중립적이고 편견 없는 도시계획을 실현하는 것은 현실적으로 어렵다. 하지만 도시계획이 최대한 중립적이고 포용적인 방향으로 나아가는 지향성은 중요한 목표이자 필수적인 과제이다.

질서 중심의 도시계획은 도시를 예측 가능하고 효율적인 기계처럼 설계하려는 욕망에서 비롯된다. 도시를 선형적이고 구획화하며, 소음, 혼잡, 불확실성을 제거하고, 주민의 삶을 '표준화된 주거단위' 속에 정착시키려 한다.

이런 질서는 다음과 같은 방식으로 작동한다.

① 공간의 기능 분리: 주거, 상업, 산업, 문화공간을 분리해 '혼합'으로 발생하는 갈등을 방지하고 기능의 효율성을 극대화한다.

② 형태의 통제: 건축물의 높이, 외관, 색상, 용도 등을 규정하여 형태적 질서를 부여하여 도시의 미관을 관리하고 시각적 위계를 설정한다.

③ 행위의 규범화: 허용용도와 비허용용도를 설정하여 도시의 안

전과 쾌적성을 높이고 도시민의 활동 에너지를 제어한다.

과도한 질서 지향은 다양성과 우연성, 비공식성과 감정적 장소성을 도시에서 경험하기 어렵게 만들 수 있다. 이는 도시를 쾌적하게 만들지만, 동시에 이용자의 정서적·사회적 공간을 과도하게 통제하는 결과를 낳을 수 있다.

반면에 관용성 중심의 도시는 도시에 내재한 이질성과 충돌, 경계를 하나의 자산으로 바라본다. 관용성은 '무질서의 수용'이 아니라, 다양성의 존중이다. 그것은 도시가 '단일한 정체성'으로 수렴되지 않도록 보장하는 공간적 장치이며, 도시 내 다양한 집단의 감정과 기억을 존중하는 정치적 성격이 강하다.

관용성은 다음과 같은 방식으로 도시계획에 적용될 수 있다.

첫 번째는 도시의 완결성을 부정하고 도시의 미완결성을 인정하는 것이다. 미래 세대나 자생적 문화가 뿌리내릴 수 있도록 도시계획에서 '의도적 미완' 상태를 고려한다.

두 번째, 혼합, 혼종, 복합의 도시조직을 활성화하고, 기존 거주자들이나 계획 밖의 소외된 자들의 경계적 공간을 인정하는 것이다. 그동안 대한민국의 도시계획은 새로운 입주자들을 위한 것이었다. 즉, 땅을 살 자본이 있는 사람들을 위한, 승자를 위한 도시계획이었다. 우리 도시계획에서 관용성 설계라는 개념이 필요한 시점이다.

이를 위해 도시계획은 우선 다양한 시민 집단과 계층이 계획 과정에 참여하고 의견을 공정하게 표출할 수 있는 구조를 마련해야 한다. 특정 계층이나 이해관계 집단에 치우쳐 있지 않고, 사회적 약자와 소수집단을 포함하여 가능한 한 모든 시민들의 요구와 목소리가 반영되도록 하는 것이 필요하다.

또한 도시계획이 지나치게 엄격하고 경직된 방향성을 강요하기보다 유연성과 개방성을 가지도록 해야 한다. 계획된 공간과 자생적 공간이 조화를 이루어 다양한 형태의 공간과 생활 양식이 공존할 수 있게 한다면, 도시 내 갈등과 불평등을 완화할 수 있다.

우선 도시계획은 완전한 중립성 달성이라는 환상에서 벗어나야 한다. 보다 많은 이들의 삶과 욕구를 포괄하며 갈등을 최소화하는 방향으로 나아가는 지향성이 중요하다. 이렇게 관용적이고 포용적인 도시계획을 지향하는 과정에서 도시의 지속 가능성과 시민들의 삶의 질이 더욱 향상될 수 있을 것이다.

계획된 도시 vs 자생적 도시

계획된 도시는 이른바 '승자의 도시' 모델이 된다. 공원, 문화시설, 쇼핑센터로 계획된 이 도시에서는 빌런이 활동하기 어렵다. 반면 자생적 도시는 빌런의 서사에 풍부한 공간적 가능성을 제공한다. 계획된 도시와 자생적 도시는 공간적 다양성, 인간성, 질서라는 측면에서 뚜렷한 차이를 보인다.

첫째, 공간적 다양성 측면에서, 계획된 도시는 도시의 기능을 주거, 업무, 상업, 공원 등으로 엄격하게 구획하여 각 구역이 명료하고 통제된 형태로 구성된다. 공간은 규칙적이고 단조로우며 예측 가능하지만, 때때로 획일적이어서 자연스러운 다양성이 부족할 수 있다. 반면 자생적 도시는 다양한 기능과 용도가 혼재되어 있으며, 공간의 활용도가 자연스럽고 역동적으로 변화한다. 따라서 도시가 보다 복합적이고 예측 불가능하며 창의적으로 발전하는 경향이 강하다.

둘째, 인간성 측면에서, 계획된 도시는 대규모 개발과 획일적 환경으로 인해 시민들이 서로 고립되거나 사회적 교류가 제한될 위험성이 크다. 개인적이고 집단적 특성이 잘 드러나지 않고, 인간의 다양한 욕구와 삶의 방식이 충분히 반영되지 않을 가능성이 있다. 반대로 자생적 도시는 다양한 계층과 집단이 함께 존재하며, 일상적인 교류와 접촉이 활발히 이루어지는 편이다. 인간적 스케일의 소규모 공간과 보행 중심 환경은 사람 간의 관계를 촉진하고 사회적 상호작용을 강화한다.

셋째, 질서 측면에서, 계획된 도시는 철저한 통제와 명확한 규칙에 따라 엄격히 조직된 질서를 추구한다. 도시의 모습이 깔끔하고 효율적일 수 있지만, 시민의 자발적 참여나 창의성이 발현될 여지는 제한적이다. 반면 자생적 도시에서의 질서는 명백한 계획이 아니라 자발적인 사회적 상호작용과 생활 방식이 축적된 결과로 형성된다. 따라서 질서가 덜 명시적이고 예측하기 어렵지만, 오히려 자연스럽고 살아 있는 생태계와 유사한 도시 환경을 만들어 낸다.

　결과적으로, 계획된 도시와 자생적 도시는 질서와 다양성의 형태, 인간적 스케일과 사회적 교류 방식에서 근본적으로 다른 접근 방식을 보이며, 각각의 도시가 지향하는 가치는 서로 뚜렷하게 대비된다.

　이 책에서 빌런의 도시는 승자의 도시와 끊임없이 비교된다. 승자의 도시는 계획된 도시, 질서 있는 도시, 미래 지향적 도시, 깨끗하고 쾌적한 도시다. 반면 빌런의 도시는 어둡고 복잡하며, 혼란스럽고 감정이 강하게 배어 있다. 승자의 도시가 '이성(Reason)'을 상징한다면, 빌런의 도시는 '정동(Affect)'(감정, 정서, 기분)에 대한 잠재된 경험을 상징한다. 이 두 도시는 서로를 배제하지 않는다. 오히려 도시란 본질적으로 이 두 세계가 공존하는 공간이다.

　도시는 이중적이다. 질서와 혼돈, 중심과 주변, 통제와 저항, 계획과 우연, 기억과 망각이 함께 얽혀 있다. 그리고 빌런은 바로 그 '이중성'을 드러내는 자다. 그는 우리가 외면한 도시의 또 다른 자화상이다.

　계획된 도시와 자생적 도시는 도시 형성과 구조, 그리고 사람과 공간의 관계에 있어 근본적으로 다른 도시의 매력을 만들어 낸다. 이 두 도시 유형은 도시공간의 다양성을 어떻게 수용하고 구성하는가에 따라, 그 도시가 얼마나 생명력 있고, 사람들의 삶을 풍요롭게 담아낼 수 있는지를 판가름 짓는다. 범죄나 비정상적 질서에 초점을 맞추기보다는, 도시의 문화적 매력, 사회적 다양성, 공간의 경험성이라는 측면에서 이 둘의 차이와 장단점을 바라보는 것이 중요하다.

계획도시는 주로 행정적 필요나 미래의 도시 비전을 반영해 사전에 구조와 기능이 정리된 상태로 탄생한 도시다. 대표적인 사례로는 브라질의 수도 브라질리아, 대한민국의 세종특별자치시, 호주의 캔버라 등이 있다. 이들 도시는 넓고 체계적인 도로망, 분리된 주거 및 업무지구, 녹지축과 중심축의 정렬 같은 구조적 질서 속에서 높은 효율성과 관리 편의를 제공한다. 세종시는 대한민국의 균형발전 전략 속에서 계획적으로 조성된 도시로, 정부 기능의 이전과 함께 기반시설이 체계적으로 배치되어 있다. 이러한 도시들은 기본적으로 정돈된 인프라와 질서정연한 경관을 제공하며, 도시 이용자에게 직관적인 동선과 안정된 생활환경을 제공하는 데 강점이 있다.

그러나 계획된 도시는 그 자체가 가진 질서 중심성과 예측 가능성 때문에 때때로 도시의 개성 부족, 공간의 단조로움, 문화적 자극의 결핍을 야기한다. 도시 내에서 다양한 사람들이 상호작용하며 자연스럽게 만들어 내는 '우연한 충돌'이나 '작은 실험의 가능성'은 제한되기 쉽다. 세종시는 대표적으로 이러한 점에서 아쉬움을 드러낸다. 행정기능은 완벽에 가깝게 갖췄지만, 시민들이 자발적으로 관계 맺고 머물 수 있는 다층적 일상문화의 장소성은 상대적으로 부족하다는 지적이 많다.

반면 자생적 도시는 오랜 시간에 걸쳐 주민들의 삶, 사회적 필요, 경제적 활동에 따라 점진적으로 형성된 도시로, 공간 내에 생활의 흔적과 문화의 다양성이 축적되어 있는 경우가 많다. 프랑스 파리의 마레 지구, 일본 도쿄의 시모키타자와, 서울의 을지로나 성수동, 이스탄불의 구시가지 등이 그 예다. 이러한 도시들은 도시 구조가 불규칙하고 혼재되어 있으며, 오래된 가게 옆에 신진 예술가의 스튜디오가 들어서고, 좁은 골목을 따라 카페와 공방, 시장이 얽혀 있는 식으로 예측 불가능한 공간적 매력이 있다. 도시가 가진 '지리적 질서'보다 사람들의 쓰임과 문화의 반복이 만들어 낸 도시감각이 더욱 강하게 작동하는 것이다.

서울의 을지로 일대는 대표적으로 이러한 자생적 도시의 매력을 보여 준다. 오래된 인쇄소와 공구상가 사이에 젊은 층이 주도하는 카페, 갤러리, 디자인 스튜디오가 들어서면서 시간의 결이 다른 활동들이 중첩되는 이질적인 도시의 경험이 가능해졌다. 자생적 도시는 정형화되지 않은 공간 속에서 다양한 삶의 가능성을 허용하며, 계획된 도시와는 다른 방식의 '살아 있는 도시 풍경'을 만들어 낸다.

그러나 자생적 도시 또한 낙후된 기반시설, 불균형한 공간 이용, 무계획적 팽창 등 물리적·행정적 한계를 동반한다. 또한 외부 자본의 유입이나 재개발 압력에 의해 그 고유한 다양성과 문화가 급속히 사라지는 위험에도 노출되어 있다. 서울의 홍대나 성수동처럼 원래의 자생성과 다양성이 상업화로 인해 희석되는 사례는 이러한 위험을 보여 주는 대표적인 경우다.

결국 계획된 도시와 자생적 도시는 서로 다른 방식으로 도시의 질서를 구성하고, 서로 다른 장점과 한계를 가진다. 계획된 도시는 안정성과 효율이라는 매력을, 자생적 도시는 다양성과 창조성이라는 매력을 가진다. 이 두 도시 유형의 대립은 곧 도시계획이 단지 물리적 질서를 설계하는 작업이 아니라, 사람들의 삶을 어떻게 담아내고, 얼마만큼의 여백과 우연성을 허용하는가에 대한 선택임을 보여준다.

오늘날의 도시계획은 이러한 이분법을 넘어, 질서 안에서 자생적 다양성을 수용할 수 있는 유연한 계획이 요구되고 있다. 질서와 창의, 구조와 생명력, 관리와 감각 사이의 균형을 어떻게 만들어낼 것인가가 매력 있는 도시를 위한 핵심 과제라 할 수 있다. 이는 단지 도시의 형태를 바꾸는 것이 아니라, 도시를 살아가는 방식 자체를 새롭게 설계하는 일이기도 하다.

죽은 다양성 vs 다양성의 소멸

계획도시는 설계 단계에서부터 기능과 역할이 명확하게 구분되어 있기 때문에, 자생적인 다양성이 자연스럽게 형성되기 어렵다. 이로 인해 최근의 계획도시는 다양한 문화를 담아내기 위해 인위적으로 '다양한 콘텐츠'를 계획적으로 삽입하는 방식으로 대응하고 있다.

예를 들어, 복합문화지구, 창업거리, 청년몰, 예술광장 등은 도시의 활력을 끌어올리고 다양한 계층과 세대가 공존할 수 있는 공간을 조성하기 위한 시도다. 세종시의 세종중앙공원이나 문화시설군, 성남 판교의 창업지원단지 등이 그러한 사례이다.

그러나 이러한 의도된 다양성은 종종 다음과 같은 부작용을 낳는다.

첫째로, 상징적 다양성(Symbolic diversity)에 그쳐 실질적인 사회적 혼합과는 거리가 멀다. 즉, 다양한 공간은 존재하지만 다양한 사람들은 존재하지 않는 기획된 쇼케이스 공간으로 머무른다.

둘째로, 공간을 채우는 콘텐츠가 현지성과 생활 기반 없이 외부 전문가나 기획자에 의해 기계적으로 삽입되어, 도시의 일상성과 이질적으로 괴리되는 경우가 많다. 이로 인해 이용률 저하, 공간의 형해화, 인구 이탈 등의 장기적 도시 활력 저하로 이어질 수 있다.

즉, 계획도시에서의 다양성은 그 자체로 실험적일 수 있지만, 삶에서 발생하지 않은 다양성은 자생력을 갖기 어려우며, 도시의 진정한 매력을 끌어내는 데 한계를 가진다.

자생적 도시는 그 자체로 오랜 시간 쌓여 온 공동체, 기억, 문화적 중첩성을 통해 도시 다양성이 형성된 공간이다. 서울의 을지로, 성수동, 연남동, 부산의 초량, 대구의 서문시장 일대, 해외에서는 브루클린(뉴욕), 쇼디치(런던) 등이 대표적이다. 이 도시들은 각각 산업유산과 예술문화, 하위문화와 자영업의 공존으로 활기를 띠며 젊은 층과 창작자들에게 매력적인 공간으로 재조명된다.

그러나 이러한 자생적 다양성은 최근 수년 사이, 젠트리피케이션(Gentrification)이라는 구조적 위기를 겪고 있다.

상업적 가치 상승에 따라 임대료가 급등하고, 기존 거주민과 상공인이 쫓겨나게 되는 현상이 나타난다. 다양성의 기반이던 생활 주체들이 공간에서 배제된다. 또한, 자생적 문화와 분위기를 활용해 소비 중심의 상업문화가 빠르게 침투하면서, 원래의 지역적 특성과 정체성이 희석된다. 이로 인해 공간은 점점 복제 가능한 브랜드 거리나 관광 상품으로 변질된다. 장기적으로는 도시의 다양성을 구성하던 사회적 관계망, 자율성, 실험성이 해체되고, 고급화된 일회성 소비 구조만 남게 되는 다층적 공간 불균형을 초래한다.

결국 자생적 도시는 정착 기반이 약하고 외부 자본에 취약한 구조를 지니고 있어, 특별한 정책적 개입 없이 지속 가능한 다양성을 유지하기 어렵다.

계획도시는 의도된 다양성의 한계, 자생적 도시는 성공한 다양성의 자산화와 추방이라는 상반된 문제를 안고 있다. 전자는 살아 있지 않은 다양성의 위기이고, 후자는 살아 있는 다양성의 소멸 위기다.

도시의 다양성은 단지 공간의 유형을 늘리거나 콘텐츠를 다양화하는 데서 나오는 것이 아니다. 그것은 사람이 머물고 살아갈 수 있는 시간, 관계, 경제적 조건, 사회적 토대가 유지될 때 비로소 지속될 수 있는 생태적 구조다. 따라서 오늘날의 도시계획은 다양성을 단지 기획의 옵션이 아니라, 도시의 존속 조건이자 기본권으로 인식해야 하며, 인위적 계획 속에서도 자생의 여지를 열어 주는 유연성, 자생적 도시에서도 과도한 시장화로부터 삶을 지킬 수 있는 제도적 장치가 병행되어야 한다.

이것이 도시를 단지 '효율적인 공간'이 아닌, 살아 있는 공존의 장으로 회복하는 길이다.

속초·양양 서피비치: 퇴폐적 감성에 대한 관용

강원도 양양과 속초에 걸친 해안 지역, 특히 서피비치(Surfy Beach)는 최근 몇 년 사이에 한국의 새로운 해양문화 중심지로 부상하였다. 이곳은 단순한 해수욕장이 아니라, '서핑'을 매개로 한 감각적 도시경험과 젊은 세대의 '퇴폐적 감성'이 공존하는 공간으로, 도시 마케팅과 브랜딩 측면에서 매우 독특한 사례로 주목받고 있다.

서피비치는 원래 강원도 해변 중에서도 관광 인프라가 부족했던 지역이었다. 그러나 2010년대 후반부터 젊은 서퍼들과 여행자들이 몰리면서 점차 '국내 최초의 서핑 전용 해변'이라는 타이틀로 재탄생하게 된다. 해변 인근의 오래된 민박집과 낡은 어촌마을은 서핑숍, 루프탑 펍, 해양복 쇼룸, 캠핑장 등으로 탈바꿈하였고, 이러한 공간은 기존의 관광지와는 확연히 다른 이국적 정서를 제공했다.

이 지역의 가장 큰 특징은 '규범을 벗어난 여가 공간'이라는 이미지다. 밤이 되면 루프탑 바와 해변 클럽에서 음악과 술이 어우러지며 '도시에서 벗어난 자유의 정서'가 연출되고, 이는 기존의 청정·가족 중심 해양 관광지와는 다른 탈일상적 매력을 부각시킨다. 특히 조명

없는 밤바다, 해변의 텐트, 젖은 서핑보드가 늘어진 낮잠의 풍경 등은 이 공간이 지닌 '퇴폐미와 방랑적 정서'를 상징한다.

서피비치는 SNS를 통해 빠르게 확산되었으며, 이곳에서의 경험은 단순한 바다 풍경이 아니라 '라이프스타일 콘텐츠'로 소비되었다. 사진과 영상 속에서 드러나는 낡은 펜션의 외관, 습기 찬 모래와 흠뻑 젖은 머리카락, 비정형적인 건축물과 불규칙한 동선은 '완벽함'이 아니라 '불완전함'에서 오는 감성을 자극한다.

빌런 도시학의 관점에서 서피비치는 도시가 숨기고자 했던 감정, 즉 나른함, 고독, 일탈, 방랑의 정서를 전면화한 공간이다. 이곳은 규칙과 질서, 효율로 대변되는 도시공간과는 다른 논리로 작동하며, 오히려 해방과 쾌락을 통해 사람들의 무의식을 자극한다.

이 지역이 단순한 일시적 유행이 아닌 브랜딩 성공 사례로 남을 수 있었던 이유는, 자연경관과 감정적 분위기, 로컬 콘텐츠가 유기적으로 결합되었기 때문이다. 특히 '현지화된 힙함'이라는 전략이 공간의 정체성을 외지화하지 않으면서도 새로운 문화 자본으로 축적될 수 있게 만들었다.

양양의 서피비치는 '청정함'이 아닌 '감성적 혼재성'을 전면에 내세운 보기드문 해양 도시공간 사례다. 이곳은 퇴폐와 자유, 유랑과 공동체, 비주류성과 낭만주의가 혼합된 정서의 결정체이며, 도시 외곽이 새로운 브랜드 자산이 될 수 있다는 가능성을 보여 준다.

서피비치는 도덕적 중심성으로부터 벗어난 공간이기도 하다. 해변의 밤은 때로 소란스럽고, 술과 음악, 즉흥성과 익명성이 섞인다. 과거라면 '방탕' 혹은 '문란'이라 명명됐을지 모를 이 장소는, 오늘날 다양성의 수용지대로 기능한다. 이는 '빌런의 도시학'이 말하는 경계적 관용성의 핵심과 맞닿아 있다.

서피비치는 빌런의 도시학이 말하는 "통제 밖의 가능성"을 실험하는 공간이다. 퇴폐적 감성, 감정적 해방, 이방성, 혼종성이 자연스럽게 용인되는 이곳은 도시의 경계부에 입지한 회복과 감정적 장소이자, 관용성의 상징이 되었다.

도시의 관용성은 인간이 인간에게 배푸는 세련된 교양과목 같은 윤리적 선택이 아니다. 그것은 도시가 창조되기 위한 전제 조건이며, 다양성이 살아 숨 쉬는 도시로 성장하기 위한 유일한 전략이다. 서피비치는 그 가능성을 실질적으로 증명하고 있다.

VILLAIN'S URBANISM

VILLAIN'S

3부

도시의 빌런은 누구인가

○

뉴욕의 할렘과 파이브 포인츠 사례는 도시 성장의 이면에서 벌어지는 불평등과 배제를 잘 보여 준다. 이들은 도시 발전의 수혜자가 아니라, 종종 그 대가를 치르는 존재였다. 빌런의 도시학은 바로 이러한 도시정책의 이면을 들여다보며, 권력과 이익이 누구에게 집중되고, 누구는 배제되는지를 묻는다.

○

1997년 이후, 홍콩의 도시계획은 금융 중심지, 아시아 게이트웨이, 글로벌 경쟁력이라는 수사를 내세우며 급속히 재편되었다. 카우룽 월시티는 철거되었고, 노점상은 추방됐으며, 시장과 골목, 비좁은 공동체들은 불법과 불결의 언어로 설명되었다. 그들이 만들어 낸 공간은 부동산으로 환산되었고, 사람은 '관리 대상'으로 전락했다. 도시의 얼굴은 달라졌지만, 아이러니하게도 도시의 기억은 영화 속에 남았다.

뉴욕: 성장과 배제의 이중성

　도시는 흔히 공공성과 진보, 다양성과 창의성이 구현되는 공간으로 인식된다. 그러나 도시를 구성하고 재편하는 이면에는 자본과 권력이 복잡하게 얽힌 역학이 존재하며, 이는 종종 약자에 대한 배제와 착취로 이어진다. '빌런의 도시학'은 이러한 도시의 어두운 작동 방식을 비판적으로 드러내는 이론적 틀로, 도시계획과 개발을 '선의'가 아닌 '이익 중심적 권력의 산물'로 바라본다. 단지 악의를 가진 개인을 비판하는 것이 아니라, 도시의 자원을 독점하고 불평등을 구조화하는 시스템을 비평하는 것이다.

　'빌런의 도시학'은 도시계획과 재개발을 선의와 중립성의 영역이 아니라, 이익과 권력이 충돌하는 정치적 공간으로 분석한다. 이 접근은 '누구를 위한 도시인가'라는 질문을 중심에 두고, 도시를 구성하는 권력과 배제의 구조를 비판한다.

　뉴욕은 세계적인 금융 중심지이자 문화도시로, 글로벌 자본과 이민자의 이중 축을 가진 도시다. 이 도시는 수많은 재개발과 젠트리피케이션을 통해 변화해 왔지만, 그 과정에서 소수자 커뮤니티는 지속적으로 주변화되었다. 도시의 경제 성장은 이들의 희생 위에서 이루어졌다고 해도 과언이 아니다.

뉴욕의 대표적 소외지역인 '할렘'과 '파이브 포인츠' 사례로 이들 지역이 어떻게 도시정책에서 배제되어 왔는지를 살펴보는 동시에, 바로 그 배제된 공간들이 도시 다양성과 창조성의 근원이 되었음을 강조한다. 이는 도시의 주변부가 중심을 구성해 왔다는 점에서, 빌런의 도시학이 비판만이 아니라 도시회복과 창조의 가능성을 함께 포착하는 분석임을 보여 준다.

할렘은 20세기 초 아프리카계 미국인들이 대거 이주하며 형성된 지역으로, 유럽계 이민자들이 살던 공간이었지만, "블랙 벨트"라는 명시적 계획과 주거 차별을 통해 아프리카계 미국인 거주지로 재구성되었다. 레드라이닝(Redlining)이라는 정책은 연방주택관리국(FHA)이 인종 기반으로 대출·보험을 제한, 흑인 커뮤니티는 투자에서 배제하는 정책이었다. 흑인은 다른 지역으로 이주할 수 없었고, 할렘 내부의 과밀화와 슬럼화가 가속되었다. 할렘은 정책적 고립의 결과이며 진짜 빌런인 정책가들이 주도한 인위적인 빈곤의 도시화였다.

그럼에도 불구하고, 할렘은 흑인 문화와 예술의 중심지로 성장하였다. 할렘 르네상스는 미국 문화사에 지대한 영향을 미쳤으며, 이후 재즈, 힙합, 문학 등 다양한 문화가 이곳에서 탄생했다. 그러나 1970년대 이후 탈산업화와 정책적 방치로 인해 빈곤과 범죄, 약물 중독 등이 만연해졌고, 도시는 쇠퇴했다.

21세기 들어 할렘은 도시재생의 상징으로 재조명되었다. 고급 주거단지와 예술공간, 브랜드 커피숍이 들어서면서 중상류층의 유입이 급속히 이루어졌다. 그러나 이러한 변화는 기존 주민들의 퇴거와 문화의 상품화를 동반했다. 공공정책은 개발업자와 부동산 자본에 유리하게 설계되었고, 주민들의 삶은 정책 대상에서 또다시 제외되었다. 이는 전형적인 빌런적 도시정치의 작동 양상으로, 부동산 투자자와 백인 중산층의 이익을 위한 젠트리피케이션 전략을 통한 공공의 이름으로 민간 이익을 정당화한 사례다.

19세기 중엽 뉴욕의 파이브 포인츠는 아일랜드계 이민자, 아프리카계 미국인, 이탈리아계 등의 노동계급이 집단적으로 거주하던 지역으로, 도시화 초기의 대표적인 슬럼가이자 인종 혼합 지역이었다. 당시에는 위생과 치안 문제가 심각하다는 이유로 사회적으로 낙인 찍혔으며, 중산층과 정부로부터 철저히 방치되었다.

20세기 들어 이 지역은 점차 철거되고 재개발되며, 현재의 시빅센터와 차이나타운 일부로 편입되었다. 하지만 그 과정에서 이민자 공동체의 흔적은 거의 지워졌고, 역사적 기억은 도시 개발의 서사에서 배제되었다. 파이브 포인츠의 경우, 도시의 성장이 '기억의 소거'를 기반으로 이루어진 것이다.

이 두 지역은 저소득 이민자들이 형성한 공동체임에도 불구하고, 뉴욕시의 문화적 다양성과 노동력 공급이라는 측면에서 도시 성장에 중요한 기여를 했다. 할렘은 세계적인 흑인 문화의 중심지로서 뉴욕의 정체성을 만들어 냈고, 파이브 포인츠는 초기 도시의 산업기반을 지탱한 이민자 커뮤니티였다.

  그러나 이들의 공헌은 도시의 발전 과정에서 정당하게 보상받지 못했으며, 오히려 젠트리피케이션과 재개발을 통해 소외되고 축출되었다. 이는 도시의 긍정적 성장이 반드시 모두에게 이익이 되는 것이 아님을 보여 준다. 도시성장은 동시에 배제를 수반하는 양면적 과정을 내포하며, 그 안에서 작동하는 구조가 바로 승자의 도시 정치다.

  뉴욕의 할렘과 파이브 포인츠 사례는 도시 성장의 이면에서 벌어지는 불평등과 배제를 잘 보여 준다. 이들은 도시 발전의 수혜자가 아니라, 종종 그 대가를 치르는 존재였다. 빌런의 도시학은 바로 이러한 도시정책의 이면을 들여다보며, 권력과 이익이 누구에게 집중되고, 누구는 배제되는지를 묻는다.

  빌런의 도시학은 도시를 비판적으로 성찰하고, 더 공정하고 지속 가능한 도시로 나아가게 하기 위한 윤리적 나침반이 될 수 있다. 뉴욕의 사례는 도시개발의 이면에 존재하는 배제의 구조와 침묵의 권력을 보여 주면서도, 동시에 그 속에서 살아남고 새로운 문화를 만들어 낸 도시의 주변부 사람들의 힘을 증명한다. '빌런의 도시학'은 도시의 이면을 비판하는 동시에, 도시를 되살리는 가능성 또한 도시의 주변부에서 태어난다는 사실을 강조한다.

시카고: 도시의 성장과 불평등

도시는 그 자체로 선하거나 진보적인 공간이 아니다. 오히려 도시는 권력, 자본, 정치적 의도가 얽힌 결정체이며, 그 속에서는 수많은 사회적 배제와 불평등이 작동한다. '빌런의 도시학'은 도시정책과 재개발, 계획의 과정을 '선한 도시 만들기'의 과정으로 보기보다는, 특정 집단의 이익을 극대화하고 타인을 배제하는 권력 구조로 해석한다. 도시의 '빌런'은 단지 악의적인 인물이 아닌, 이윤 추구에 따라 작동하는 행위자와 시스템을 포함한다.

시카고의 대표적인 아프리카계 미국인 지역인 브론즈빌과, 미국 공공주택 문제의 상징인 카브리니그린 사례를 통해 도시정책이 어떻게 작동했는지를 살펴본다. 아울러 이 지역들이 도시성장에 기여한 측면과 동시에 경험한 배제 과정을 분석하고, 도시의 지속 가능한 미래를 위한 시사점을 제안한다.

시카고는 미국 중서부의 산업 중심지로 출발하여, 다양한 인종과 이민자의 유입으로 복합적 인구구성을 이루어 왔다. 그러나 동시에 인종 격리, 주거 분리, 공공주택의 실패, 갱단 문제, 민간 개발 위주의 재개발 등 도시 불평등의 실험장이 되어 왔다. 시카고의 도시정책은 종종 특정 인종·계층을 대상으로 한 배제 전략이었으며, 이 과정에서 '도시의 빌런들'-자본가, 개발업자, 시정부-의 작동이 드러난다.

브론즈빌은 시카고 남부에 위치한 아프리카계 미국인의 중심지로, 20세기 초 'Great Migration' 시기 대규모 흑인 인구가 남부에서 이주하며 형성된 지역이다. 이곳은 흑인 문화, 예술, 언론, 상업의 중심지였고 '블랙 메카'로 불릴 만큼 활력이 넘쳤다. 그러나 도시 전체의 인종 분리정책, 주거 제한 조례, 금융기관의 레드라이닝(Redlining) 정책 등으로 인해 도시의 '비투자 구역'으로 지정되었고, 지속적인 쇠퇴를 겪었다.

최근 브론즈빌은 '역사적 재생'이라는 이름 아래 재개발되고 있으나, 개발의 중심은 공공투자가 아닌 민간 부동산 중심이며, 기존 커뮤니티의 생존 가능성은 낮아지고 있다. 원주민 보호 정책이 부재한 가운데, 지역은 새로운 중산층과 외부 자본의 수익 중심지가 되어 가고 있다. 이는 빌런의 도시학이 말하는 도시권력의 전형적 작동 사례로, 공공선의 명분 아래 이윤 중심 개발이 추진되는 구조다.

카브리니그린은 시카고의 대표적인 공공주택 단지로, 1940년대 연방정부의 지원 아래 저소득층을 위한 대규모 주거 프로젝트로 건설되었다. 그러나 초기 설계와는 달리, 1960년대 이후 치안 악화, 사회적 고립, 관리 실패로 인해 '미국 공공주택의 실패'로 상징되었다. 1990년대 이후 시카고시는 HOPE VI 프로그램을 통해 카브리니그린의 철거를 결정하고, 민간과 공동개발 방식의 '혼합소득 커뮤니티'를 조성했다.

문제는 이 과정에서 대부분의 원주민이 퇴거되었으며, 새롭게 조성된 커뮤니티에는 실제 저소득층의 재입주는 매우 제한적이었다는 점이다. 기존 거주민을 위한 보호 장치는 미비했고, 도시 이미지 개선과 부동산 가치 상승이 우선시되었다. 이처럼 카브리니그린은 공공선으로 포장된 재개발이 실제로는 원주민 퇴출과 민간 이익 극대화로 귀결된, 승자 독식의 도시정치의 결정적 사례라 할 수 있다.

『빌런의 도시학』의 프레임에서 바라볼 때, 이 사례의 진짜 빌런은 다음과 같은 권력 시스템과 정책 결정자들이었다.

첫 번째는 공간을 비워 재산으로 만든 도시개발자이다. '공공임대주택 철거 → 민간개발 → 중산층 유입 → 세수 증가'라는 계산에 따라, 주거는 삶이 아니라 자산으로 전환되었다. "혼합주거(Mixed-income)"라는 수사는 기존 주민의 축출을 정당화하는 도구로 작동했다.

두 번째는 정량지표로 사람을 분류한 정책가들이다. 이들은 소득, 교육, 가족구성 등의 데이터로 입주자격을 재분류하고, 기존 거주자의 상당수를 재입주 불가 상태로 만들었다. 재개발 후 재정착률은 20% 이하. 이 과정에서 기존 커뮤니티는 해체되었다.

세 번째는 위계적 질서를 선호한 시민사회들이다. 공공질서, 투자 유치, 치안, 경관개선을 이유로 다양성과 자생성을 포기하고 동질성과 '쾌적함'을 선택한 도시 여론이 바로 진짜 빌런이었다.

브론즈빌과 카브리니그린은 모두 도시성장 과정에서 중요한 역할을 했다. 전자는 아프리카계 미국인의 문화적 기반으로 도시의 정체성을 형성했고, 후자는 노동계층의 안정적 정착을 가능케 한 주거 인프라였다. 그러나 그 기여에도 불구하고, 도시정책은 이들을 하나의 역사로 보존하거나 공적으로 보호하지 않았다. 오히려 개발의 대상, 철거의 우선순위로 삼았다. 이러한 이중적 태도는 도시 성장의 이익은 일부에 집중되고, 비용은 약자에게 전가되는 구조를 보여 준다.

이처럼 도시에 의해 주변화되고, 때론 삭제되기까지 한 사람들과 커뮤니티가 도시의 진짜 중심을 구성해 왔다는 사실은 빌런의 도시학이 던지는 중요한 역설이다. 도시를 도시답게 만든 것은 고층빌딩이나 마스터플랜이 아니라, 제도 바깥에서 버텨 온 사람들의 상상력, 저항, 창조적 실천이었다. 그들은 국가의 돌봄이 닿지 않는 곳에서 서로를 돌보았고, 문화적 자원이 부족한 공간에서 새로운 언어와 미학을 만들었다. 그리고 그 집합적 실천은 오늘날 시카고라는 도시가 세계적 도시로 성장할 수 있었던 정신적 기반이 되었다.

결국 도시의 진짜 빌런은 거주민이 아니라, 그들을 배제하고 침묵시킨 권력 구조이며, 도시의 진짜 가능성은 그 구조에 맞서 존엄을 지키고 문화를 만든 사람들에게 있었다.

바르셀로나: 도시브랜딩의 공간적 배제

우리는 표면에 드러난 풍경과 질서만을 보게 된다. 정비된 광장, 조화롭게 늘어선 거리, 감각적인 건축, 그리고 예술과 역사로 치장된 도시 브랜드. 바르셀로나는 그런 도시 가운데서도 단연 빛나는 이름이다. 가우디의 건축유산, 고딕 지구의 역사, 해안선을 따라 펼쳐진 산책로와 현대적인 예술 지구까지. 1992년 올림픽 이후 바르셀로나는 '성공한 도시재생의 표본'으로 불려 왔다. 하지만 그 성공 뒤에는 보이지 않는 또 다른 이야기가 숨어 있다.

1990년대 이후, 바르셀로나는 국제도시로의 도약을 준비하며, 도시 곳곳을 재정비하기 시작했다. 오랫동안 낙후된 지역으로 여겨졌던 라발 지구는 그 중심에 있었다. 이곳은 모로코, 파키스탄, 필리핀 등 다양한 이민자들이 모여 살았던 다문화 커뮤니티이자, 거리예술가와 저소득 예술인들이 함께 삶을 꾸려 가던 공간이었다. 좁은 골목과 낡은 건물, 다국적 음식 냄새가 뒤섞인 라발은 바르셀로나의 그늘이자, 동시에 정체성의 밑바닥이었다.

하지만 도시 행정은 이곳을 '범죄와 혼란의 구역'으로 규정했다. 범죄율을 낮추고, 도시 이미지를 쇄신한다는 명분 아래, 대규모 도시재생 프로젝트가 진행되었다. 낡은 건물들이 철거되고, 그 자리에 현대미술관(MACBA)이 들어섰으며, 공공광장이 조성되었다. 도시미학은 개선되었지만, 그 과정에서 수천 가구가 밀려났다. 라발을 라발이게 했던 사람들은, 더 이상 그곳에 머물 수 없었다.

비슷한 일이 바르셀로나 북동부의 포블레노우에서도 일어났다. 한때 산업노동자들이 밀집했던 이 공업지대는 2000년대 들어 첨단산업지구 '22@바르셀로나'로 탈바꿈했다. 철거된 공장 부지에는 스타트업과 디자인 회사, 공유오피스가 들어섰고, 외부 투자자들이 몰리면서 주택 가격은 급등했다. 원래 살던 노동자 가족들은 더 이상 이 지역에 머물 수 없었고, 공장은 외형만 보존된 채 고급 아파트의 외벽 장식이 되었다.

라발과 포블레노우의 재생 이야기는 표면적으로는 성공처럼 보인다. 낙후된 지역이 아름답게 바뀌었고, 관광객이 증가했으며, 바르셀로나는 유럽의 '살기 좋은 도시' 랭킹에 올랐다. 그러나 그 도시에서 살던 사람들은 어디로 갔는가? 그리고 그들이 만들어 온 문화와 정체성은 어떻게 되었는가?

도시의 주류 서사는 이들을 문제집단, 도시 질서를 해치는 '빌런'처럼 그려 왔다. 하지만 실상은 정반대다. 이민자들이 만들어 낸 음식문화와 상점, 거리에서 춤추던 예술가들, 공장을 점거해 전시장을 만들던 공동체들은 바르셀로나가 '매력적인 도시'가 되기까지 핵심적인 역할을 해 왔다. 도시의 가장자리에서 문화가 태어났고, 비공식 공동체에서 새로운 사회가 실험되었으며, 제도 밖에서 연대가 자랐다.

라발의 벽화와 음악, 포블레노우의 예술공간과 지역 축제는 모두, 그런 주변화된 사람들의 자율적인 창조에서 비롯되었다. 그들은 도시의 짐이 아니었고, 방해물이 아니었으며, 오히려 도시를 도시답게 만든 사람들이다. 진짜 빌런은 도시의 문제를 만든 공동체가 아니라, 그 공동체를 문제로 규정하고 침묵시킨 제도와 개발 논리일지도 모른다.

바르셀로나의 재생은 분명 눈에 띄는 성공을 이루었지만, 그 성공은 누구의 희생 위에 이루어진 것인가를 되묻지 않을 수 없다. 도시의 아름다움은 수치로 환산할 수 있지만, 도시의 정의는 숫자 너머에 있는 사람들의 이야기로부터 시작된다.

도시는 정리된 광장과 잘 포장된 길만으로 만들어지지 않는다. 도시는 혼란, 충돌, 다양성, 우연성 속에서 살아 있는 유기체다. 그리고 그 살아 있는 도시를 만들어온 사람들은, 종종 제도에서 불편한 존재로 취급된 이들-이민자, 노동자, 예술가, 주변부의 커뮤니티-이었다.

우리가 도시를 '브랜딩'이나 '경쟁력'으로만 이야기하는 순간, 도시는 점점 더 삶의 공간에서 소비의 공간으로 퇴화할 수밖에 없다. 바르셀로나는 이제 다시 묻고 다시 설계해야 할 기로에 서 있다. 도시의 미래는, 단지 더 높은 건물이 아니라, 잊힌 목소리를 어떻게 복원

할 것인가에 달려 있다.

관광지로 탈바꿈한 라발 중심부를 벗어나 외곽의 공장지대나 유휴 공간을 찾으면, 여전히 자생적으로 운영되는 예술 작업장과 공동 창작 공간이 눈에 띈다. 대표적인 예가 포블레노우에 위치한 'La Escocesa'다. 이곳은 과거의 산업단지를 리모델링해 독립 예술가들이 공동작업과 전시를 이어 가는 대안문화공간으로 사용된다. 이들은 상업 갤러리나 공공 미술관이 담아낼 수 없는 급진적이고 실험적인 작업을 공유하며, 도시 공간을 문화적으로 갱신하고 있다.

이러한 자율적인 예술공간은 도시계획에 포함되지 않았고, 공식적인 예산도 지원받지 못한다. 하지만 이들이 만들어 내는 문화적 다양성, 표현의 자유, 정치적 실천은 오늘날 바르셀로나가 여전히 '살아 있는 도시'로 인식되는 이유 중 하나다.

베를린: 도시의 가장자리에서 중심을 만들다

 베를린은 과거를 떠안은 도시이자, 끊임없이 변화하는 도시다. 분단과 재통일의 도시, 예술과 개발이 충돌하는 실험장, 그리고 가장자리에서 도시를 만든 이들의 기록이 쌓여 있는 곳이다. 화려한 도시재생의 중심에서 베를린은 종종 '창조도시', '스타트업 허브', '문화 수도'로 불리지만, 그 화려함 뒤에는 밀려난 사람들, 침묵당한 공동체, 그리고 '문제적 존재'로 취급된 이들이 있다. 그러나 아이러니하게도, 바로 그 '빌런'으로 분류된 사람들이야말로 베를린의 문화적 다양성과 도시적 개방성의 근원이 되어 왔다.

 1990년 베를린 장벽이 무너진 직후, 동베를린의 수많은 공장과 주거지는 비워진 채로 남아 있었다. 빈 건물들은 예술가, 활동가, 이민자, 무국적자, 주거운동가들이 점거했고, 이들 스스로 새로운 도시 실험을 시작했다. 당시 크로이츠베르크(Kreuzberg), 프리드리히샤인(Friedrichshain), 노이쾰른(Neukölln) 같은 지역은 베를린의 '사회적 변두리'이자, 문화적 최전선이 되었다.

 이 공간들은 자본이 진입하기 전까지 공공의 상상력, 실험, 대안의 토양이었다. 점거 주택에서는 무상 급식이 이루어졌고, 빈 창고는 공연장과 갤러리로 변신했으며, 이슬람 공동체와 동유럽 이민자들이 저마다의 삶을 일궈 갔다.

이곳의 사람들은 도시의 '정상성'에서 벗어난 존재로 간주됐지만, 그들이 만든 일상과 표현이 바로 오늘날의 '베를린다움'을 형성했다.

2000년대 들어 베를린은 '창조도시'와 '글로벌 경쟁력'이라는 수사를 내걸고 대규모 도시재생에 착수했다. 템펠호프 공항 재개발, 스프레강 산업지구 고급화, 빈 건물의 민영화 등은 도시를 투자 대상으로 재조정하는 신호탄이었다. 그 결과, 집값과 임대료는 가파르게 상승했고, 과거 '실험구역'이었던 지역들은 투자 자본의 주요 타깃이 되었다.

크로이츠베르크와 프리드리히샤인은 더 이상 반문화의 거점이 아닌 브랜딩된 도시문화의 중심지가 되었고, 그 지역의 원주민-이주민, 아티스트, 저소득 공동체-는 빠르게 밀려났다. 도시의 가장자리는 정비되었지만, 도시는 점점 무채색이 되어 갔다.

베를린의 주변화된 이들은 단지 쫓겨난 피해자만은 아니었다. 그들은 지금도 도시의 바깥에서, 혹은 틈새 공간 안에서 여전히 베를린의 문화적 생명력을 지켜 가고 있다.

예를 들어, 노이쾰른에서는 시리아, 튀르키예, 레바논 출신 이민자들이 다국적 상점과 음식문화를 통해 도시의 일상 다양성을 확장하고 있다. 이 지역은 베를린이 자랑하는 다문화적 정체성의 현장이지만, 도시계획에서 이들의 목소리는 여전히 부차적이다. 'Rigaer 94', 'Køpi', 'Haus der Statistik' 같은 공간은 단순한 점거가 아니라, 도시를 실험하고, 함께 살아가는 방식에 대한 비판적 제안이다. 이들은 베를린의 주거권, 표현의 자유, 공동체 권리를 제도 밖에서 실천하며, 도시의 민주주의를 확장해 왔다.

놀랍게도, 오늘날 베를린이 세계적인 문화도시로 불리는 이유 대부분은 이 '빌런'들의 유산 위에 세워져 있다. 거리예술, 테크노 문화, 자율적인 예술 커뮤니티, 젠더 다양성, 비국가적 연대 체계 등은 모두 제도에서 벗어난 공간과 사람들이 일궈낸 결과다. 이들은 제도 안으로 들어간 적은 없지만, 베를린이라는 도시의 중심 감각을 만들었다.

도시를 가장 도시답게 만든 이들이, 도시계획에서는 가장 먼저 사라져야 할 존재로 취급되었다는 점은 빌런의 도시학이 말하는 구조적 아이러니다. 도시를 상품화한 제도야말로 진짜 '빌런'이었고, 도시를 살아 있게 만든 이들은 오히려 제도의 그림자에서 활동한 주변의 사람들이었다.

오늘날 베를린은 다시 한 번 분기점에 서 있다. 글로벌 자본의 유입, 스타트업 중심 개발, 고급 주거단지 조성은 도시를 더욱 균질화하고 있다. 그러나 도심 외곽의 공동체, 문화소수자들의 실천, 점거 공간의 연대는 여전히 베를린이 살아 있음을 증명하는 맥박이다.

도시는 완벽하게 정돈된 공간이 아니라, 불완전하고 충돌하는 삶들이 뒤섞이는 장소다. 베를린의 진짜 매력은 그 충돌과 실험, 불편함을 허용하는 데 있었고, 앞으로의 베를린이 여전히 '베를린'일 수 있는 조건은 바로 그 가장자리에서 살아남은 이들의 존재에 달려 있다.

홍콩: 영화가 남긴 도시, 사라지는 다양성

홍콩은 한때 아시아를 대표하는 영화의 수도였다. 1980~90년대, 홍콩 영화는 그 자체로 도시의 문화적 자부심이었고, 세계적 유산이었다. 왕가위의 '중경삼림', 오우삼의 '영웅본색', 주성치의 '도성', 진목승의 '천장지구'까지─이 도시에서 태어난 영화들은 그 도시가 가진 이중성, 잉여, 주변성, 속도와 불안을 가장 잘 표현한 문화적 기록이었다.

그리고 그 영화 속 주인공은 늘 도시의 '중심'이 아니었다. 도망자, 경찰, 노점상, 거리의 여자, 택시기사, 보잘것없는 아파트에 사는 젊은이들. 이들은 모두, 당시 도시가 내버린 인물들이었고, 동시에 도시를 도시답게 만든 인물들이었다.

'중경삼림'(1994)을 떠올려 보자. 왕페이가 몰래 들어가던 그 낡은 아파트, 매캐한 주방과 얇은 벽, 복잡하고 밀집한 공간에서 느껴지는 역설적인 외로움을 발산한 홍콩 영화는 그 시기가 홍콩의 문화적 전성기임을 여과없이 말해 주었다. 그곳은 영화 속 공간이자, 실제로 침사추이와 야우마테이 일대의 오래된 노동자 주거지였다.

그 아파트는 이제 재개발로 대부분 사라졌지만, 거기서 태어난 감정의 풍경과 도시의 리듬은 여전히 관객의 기억 속에 있다. 이런 풍경은 단순한 배경이 아니었다. 그것은 도시의 가장자리에서 살아가는 이들이 일궈 낸 문화적 풍요이자, 홍콩 영화가 세계로 퍼져 나갈 수 있었던 현실적 토대였다.

그러나 1997년 이후, 홍콩의 도시계획은 금융 중심지, 아시아 게이트웨이, 글로벌 경쟁력이라는 수사를 내세우며 급속히 재편되었다. 카우룽 월시티는 철거되었고, 노점상은 추방됐으며, 시장과 골목, 비좁은 공동체들은 불법과 불결의 언어로 설명되었다. 그들이 만들어 낸 공간은 부동산으로 환산되었고, 사람은 '관리 대상'으로 전락했다. 도시의 얼굴은 달라졌지만, 아이러니하게도 도시의 기억은 영화 속에 남았다.

'무간도'의 어둡고 좁은 뒷골목, 'PTU'의 밤샘 순찰로 드러난 텅 빈 재개발 구역, '천장지구'의 오토바이 질주로 뒤흔들린 빈 도로. 이 모든 공간은 당시 '사라지는 도시'를 은유하는 무대였고, 그 풍경을 만든 이들은 영화 속 익명 조연들과 같은 현실의 주민들이었다.

실제로 노점 문화, 밤거리 음식, 좁은 가게에서 벌어지는 인간관계는 홍콩 시네마의 주된 서사와 정서의 근간이었다. 그들은 영화에서 '조연'으로 그려졌지만, 도시 속에서는 '주연'이었다. 도시의 기억을 만들고, 살아 있는 감정을 유지하며, 홍콩이라는 이름을 문화적 브랜드로 만드는 데 결정적 역할을 했다.

오늘날 홍콩 영화는 위기를 맞고 있다. 검열, 자본 압박, 표현의 위축이 그 이유다. 도시 또한 마찬가지다. 공공주택의 철거, 노점 단속, 거리의 축소, 시민권 위기. 과거 영화 속 배경이던 공간과 인물들은 점점 현실에서 사라지고 있다. 그러나 아직 모든 것이 끝난 것은 아니다. 홍콩 곳곳에서 자율적인 공동체 공간, 소규모 예술관, 대안적 상영회, 구술 아카이브가 다시금 생겨나고 있다.

사라진 월시티를 복원하려는 전시, 샴수이포 재래시장 보존운동, 청년 예술가들이 만드는 도시 다큐멘터리. 이 모든 시도는, 영화가 기억한 도시를 다시 현실 속에서 되살리려는 움직임이다. 홍콩의 진짜 도시성은 고층 빌딩이나 금융지구가 아니라, 매일 삶을 감당하던 익명의 인물들, 작고 불안정한 공간에서 예술을 꿈꾸던 이들, 골목에서 음식을 팔고 아이를 키우며 도시를 버틴 사람들에게서 나왔다. 그들은 계획에서 밀려났고, 영화에서 사라졌지만, 그들이 남긴 문화적 다양성과 감정의 아카이브는 여전히 도시를 살리고 있다. 홍콩은 그 '빌런들'의 무대였고, 지금도 그 무대의 뒷면에서는 다시 도시가 쓰이고 있다.

싱가포르: 질서 아래 숨겨진 다양성

싱가포르는 '모범 도시국가'로 불린다. 세계에서 가장 안전한 도시, 가장 스마트한 도시, 가장 잘 계획된 도시. 땀 한 방울 흘리지 않을 것 같은 도심, 감시 없는 곳이 없는 대중교통, 깨끗하게 정돈된 거리와 질서 정연한 주거 단지들. 표면적으로 이 도시는 문제없는 도시처럼 보인다. 그러나 너무 질서정연한 도시는 가끔 질식할 듯한 침묵을 안고 있다. 그리고 바로 그 질서의 틈, 가장자리에 존재하는 사람들이 싱가포르의 진짜 다양성과 감각을 만들어 왔다.

싱가포르는 1965년 독립 이후, 철저한 국가주도 도시계획을 통해 '개발 독재'와도 같은 방식으로 도시를 성장시켰다. 국민의 80% 이상이 공공주택(HDB)에 거주하며, 대부분의 시민이 "도심형 중산층"으로 재편되었다. 다민족 구성원들은 "조화로운 다양성"이라는 이름 아래 민족별로 균형 있게 배치되고, 규제되고, 교육받는다. 이 시스템은 놀라운 경제성장과 도시 안정성이라는 결과를 가져왔지만, 그 이면에는 수많은 비공식적 공동체의 해체, 그리고 문화적 생명력이 약화된 일상공간이 놓여져 있었다.

싱가포르의 도시화 과정에서 가장 먼저 사라진 것은 '캄퐁(Kampong)' 이라 불리던 마을 공동체였다. 말레이, 인도, 중국 이주민들이 각기 형성한 이 비공식 마을들은 1970~90년대 사이 대거 철거되었고, 그 자리는 HDB 아파트와 쇼핑몰, 도로로 바뀌었다. 이 마을들엔 공동 부엌이 있었고, 노인들이 서로를 돌보고, 야시장과 사원이 뒤섞여 있었다. 공간은 복잡했고, 질서는 느슨했지만, 그 안엔 삶의 온도와 문화의 숨결이 있었다.

오늘날 우리는 그 흔적을 말레이 민속촌 박물관, 혹은 관광지로 전환된 차이나타운에서만 엿볼 수 있다. 하지만 실제로 거기 살던 사람들의 이야기와 언어, 리듬은 도시계획 어디에도 남아 있지 않다.

그럼에도 불구하고, 싱가포르의 가장자리에는 여전히 '계획되지 않은 도시'가 존재한다. 가리막 하나를 두고 열린 리틀인디아(Little India)의 향신료 시장, 매일 밤 사라지는 게일랑(Geylang) 뒷골목의 포장 노점, HDB 1층에서 불법 확장한 가정식 식당, 이주노동자들이 주말마다 모여 춤추고 밥 먹는 런던플레인 나무 아래 쉼터. 이 공간들은 도시계획상 '문제'이며, 때로는 경찰 단속의 대상이지만, 실제로는 싱가포르의 진짜 다양성과 생명력을 보여 주는 장면이다. 이곳에서야말로 이 도시의 다민족성, 문화 혼종성, 사회적 실험이 살아 숨쉰다.

싱가포르 정부는 이주노동자와 노점상, 노인들의 공동체 형성을 종종 '통제 불가능한 요소'로 간주한다. 가령, 외국인 노동자는 노동기숙지구 외에서 자유롭게 집회를 열 수 없고, 자영업자나 노점상은 상업 허가 없이 HDB 내 상권에서 배제된다. 이들은 도시의 빌런으로 취급되지만, 실제로는 도시를 유지시키는 구조적 근간이다. 청소 노동, 식당 조리, 운송, 조경, 물류―도시의 눈에 보이지 않는 모든 기능이 그들 손에서 만들어진다. 그리고 그들의 리듬, 언어, 음식, 예술은 싱가포르의 문화 다양성을 이끄는 에너지이기도 하다.

싱가포르는 예외를 인정하지 않는 도시처럼 보인다. 하지만 도시는 결국 예외로 살아남는다. 도심의 예술 구역 길먼 배럭스(Gillman Barracks), 폐선 부지를 활용한 트램포 공공미술 프로젝트, 노동자권리를 다룬 독립다큐 'I Dream of Singapore'와 성소수자 퍼레이드를 막은 당국에 맞선 핑크닷(Pink Dot SG) 캠페인. 이들은 모두 공식적인 도시에 균열을 낸 작은 반응들이며, 그 반응들이 모여 싱가포르가 더 이상 "무균 도시"가 아님을 보여 준다.

싱가포르는 세계에서 가장 효율적인 도시 중 하나지만, 삶이 꼭 효율적일 필요는 없다. 도시는 실패하고, 충돌하고, 흔들릴 수 있어야 진짜 살아 있는 것이다.

VILLAIN'S

URBANISM

4부

영화 속 빌런의 심리와 공간

○

영화 속 도시는 빌런의 무대가 된다. 하지만 이 무대는 단지 파괴의 장이 아니다. 빌런의 도시는 혼돈과 공포, 범죄와 계략으로 얼룩진 공간이면서도, 동시에 그 속에서 새로운 창조성과 회복력을 발현하는 역설적인 공간이다.

○

고담의 핵심은 바로 이 이중성의 공존이다. 이 도시는 정의를 지향하면서도 불의로 유지되고, 영웅을 숭배하면서도 동시에 그를 필요로 하는 병든 시스템을 반복한다. 더욱 매력적인 것은 고담시의 영웅조차도 도시의 질서 밖에 존재한다는 설정이다. 이러한 현상은 다음의 도시적 모순으로 나타난다.

도시공간이론과 영화적 상상력

 도시공간이론은 흔히 추상적이고 개념 중심적인 학문이기 때문에, 일상적 경험이나 감각적 이미지와 연결되지 않으면 쉽게 이해하기 어려울 수 있다. 이때 영화의 대사와 배경을 활용하면 관객이 이미 알고 있거나 감정적으로 반응한 장면과 이론을 연결할 수 있기 때문에, 개념이 더욱 쉽게 와닿고 오래 기억에 남는다.

 예를 들어, 크리스토퍼 놀란의 영화 '인셉션(Inception)'에서 도시가 꿈속에서 접히고 뒤틀리는 장면은 학술적으로는 서로 다른 개념이지만, 르페브르(Henri Lefebvre)의 '공간의 사회적 생산' 이론을 '공간은 사회적 의미와 인지적 경험'이라는 개념으로 시각화할 수 있는 훌륭한 도구가 될 수 있다. 또는 '기생충'에서 반지하와 언덕 위 저택의 대비는 도시의 계급적 공간 구조를 생생히 보여 주며, 마냥 이론으로만 접근하는 것보다 더 강한 인지적, 정서적 이해를 유도한다.

 또한 영화 속 인물의 대사나 행동은 도시 속에서 개인이 공간과 상호작용하는 방식을 잘 보여 주기 때문에, 공간이 단순한 배경이 아니라 인간의 삶과 정체성, 권력관계에 깊이 얽혀 있는 구조물임을 설명하는 데 효과적이다. 이런 맥락에서 영화는 도시공간이론을 설명할 수 있는 '문화적 텍스트'로 기능하며, 복잡한 이론을 문화적 해석의 차원으로 확장해 준다.

결국 영화 속 도시 배경과 대사는 도시공간이론을 스토리텔링에 기반해 감각적으로 전달함으로써 학문적 이해뿐 아니라 비판적 사고, 감정적 공감까지 동시에 자극하는 다층적 교육 도구로서의 유용함을 지닌다. 이로써 이론은 책 속에서만 머무르지 않고, 삶과 문화 속에서 살아 있는 논의로 발전적으로 확산되기를 기대한다.

도시는 빌런의 무대

영화 속 도시는 빌런의 무대가 된다. 하지만 이 무대는 단지 파괴의 장이 아니다. 빌런의 도시는 혼돈과 공포, 범죄와 계략으로 얼룩진 공간이면서도, 동시에 그 속에서 새로운 창조성과 회복력을 발현하는 역설적인 공간이다. 이 장에서는 빌런 도시가 왜 그렇게 매혹적인지, 그리고 그러한 도시가 어떻게 다시 살아나는지를 살펴본다. 파괴와 폭력 이후에도 도시가 재건되고 기억되는 방식은, 도시가 단순한 공간이 아닌 사회적 감정의 저장고임을 보여 준다.

빌런의 도시는 겉보기에는 무질서하고 파괴적이며, 폭력과 광기로 가득 찬 공간처럼 보인다. 그러나 바로 그 혼돈의 배경 속에서 우리는 단지 위협이 아닌 '기묘한 질서', '기이한 정렬', '금지된 욕망의 해방'

같은 미학적 구조를 경험한다. 이 도시는 규범적 도시 질서에서 벗어난 불온한 장소이지만, 그만큼 억압된 것들이 해방되고, 감춰진 구조들이 드러나며, 새로운 가능성이 싹트는 역설적 공간이기도 하다.

조커의 고담, 베인의 점령 도시, 아키라의 네오도쿄처럼, 빌런의 도시는 언제나 위기 상황에 놓여 있다. 하지만 그 안에는 단지 혼돈만 있는 것이 아니라, 질서와 통제에 대한 새로운 상상이 깃들어 있다. 도시는 혼란스러울수록 시선을 끈다. 폐허 속에서 부상하는 새로운 규칙, 질서 너머의 자유, 감시의 이면에서 발견되는 인간성 등은 관객에게 독특한 매혹을 안긴다. 이는 '도시의 흉터가 곧 서사'가 되는 구조이다. 예를 들어, '다크 나이트'(2008)에서 조커는 고담의 심장부인 병원과 금융기관을 연쇄 폭파한다. 이 장면은 공포를 유발하는 동시에, 도시 권력이 작동하는 핵심 기관들을 노리는 상징적 공격으로 기능한다. 관객은 파괴의 쾌감과 함께, 도시에 내재한 불균형을 인식하게 된다.

빌런의 도시는 시각적으로도 매혹적이다. 어두운 골목, 붕괴된 빌딩, 무정부적인 그래피티, 폐허 속 잔존한 생명성은 기존의 깨끗하고 효율적인 도시와는 다른 감각적 충격을 선사한다. 이 공간은 규율보다는 감정, 효율보다는 감각, 통제보다는 에너지로 가득 차 있으며, 그만큼 더 영화적이고 극적이며, 무대적인 장치로 기능한다.

빌런의 도시는 주류에서 벗어난 자들의 도시다. 주류 도시에 포함되지 못한 이들, 즉 하층민, 이주민, 장애인, 범죄자, 광인, 비정상적 존재들은 이곳에서 존재의 가시성을 회복하고, 자신의 언어로 세계와 마주할 기회를 얻는다. 이 도시는 도시질서가 외면해 온 것들-소음, 더러움, 혼란, 분노, 복수, 절망-을 여과 없이 받아들이며, 이를 통해 정화되지 않은 도시의 이면적 욕망을 해방한다.

무엇보다 빌런의 도시는 정상성과 비정상성, 합법과 불법, 선과 악이라는 경계를 시험하는 장소다. 빌런은 종종 히어로보다 더 도덕적으로 일관되거나, 더 명확한 신념을 가지고 있으며, 그 도시 구조의 모순을 직접 지적한다. 조커는 "내가 뭘 했다고? 계획이 없다고? 사실은 너희 세상이 미친 거야."라고 말하며, 기존 질서의 허구를 폭로한다.

이러한 서사는 관객에게 선과 악이라는 이분법 자체가 질문이 될 수 있다는 인식의 확장을 제공하며, 도시를 보는 새로운 눈을 열어준다. 빌런의 도시는 따라서, 단순히 파괴의 공간이 아니라, 지배적 규범에 대한 저항과 전복을 통해 도시 공간의 상상력을 넓히는 공간이다.

빌런의 도시는 표면적으로는 혼란과 파괴의 공간처럼 보이지만, 그 안에는 기존 도시가 감추고 왜곡한 진실과 욕망, 구조적 모순에 대한 깊은 성찰이 존재한다. 이 공간은 질서의 파괴가 아닌, 또 하나의 질서를 상상하게 하는 공간, 억압된 감정과 존재들이 드디어 '나'를 말할 수 있는 해방의 장이기도 하다.

결국, 빌런의 도시가 매혹적인 이유는 그곳이 단순히 위험하거나 파격적이어서가 아니라, 그 혼돈 속에 숨은 질서—곧 감춰진 진실, 비가시화된 구조, 억눌린 에너지—를 드러내는 미학적 장치이기 때문이다. 그리고 그 속에서 우리는, 때로는 '질서'보다 '혼돈'이 더 진실에 가까울 수 있음을 느끼게 된다. 그 매혹은 바로 구조화된 질서와 해방감이라는 감정적 괴리감에서 비롯된다.

빌런은 개인의 윤리나 사상으로만 이해할 수 없다. 그는 도시의 산물이다. 더 정확히 말하면, 도시의 어두운 구조와 정서가 만들어 낸 존재다.

조커는 "나는 이 도시의 산물이다(I'm a product of this city)"라고 말하지 않지만, 그의 행동 하나하나가 그것을 증명한다. 베인은 터널을 막고, 다리를 끊으며 도시의 동맥을 장악한다. 실바는 런던의 하수도를 타고 권력의 중심으로 침투한다. 킬몽거는 와칸다의 찬란한 중심을 향해, 바깥에서 복수의 감정을 들고 돌아온다.

모두가 도시 속의 공간을 전략적으로 선택하며, 그 도시에 축적된 기억과 감정을 반영한다.

우리가 영화 속에서 바라보는 빌런은 도시의 욕망과 분노를 투사한 거울이다. 그가 무엇을 파괴하고, 어디를 점거하며, 어떤 방식으로 말하는가를 보면, 우리는 도시가 외면한 진실을 볼 수 있다. 빌런은 도시가 은폐한 그림자이며, 동시에 도시가 외면한 감정의 화신이다. 그를 통해 우리는 도시의 진짜 얼굴을 들여다볼 수 있다. 그리고 그 안에서 묻는다. "도시는 누구를 위한 공간인가?"

감정이 중첩된 도시: 레페브르와 정동적 공간

영화는 도시 공간이론을 해석하고 이해하는 데 있어 매우 유용한 수단이 될 수 있다. 특히 르페브르의 정동적 공간 - 개인이나 집단이 감정적으로 반응하게 되는 공간으로, 공간 자체가 감정을 유발하거나, 감정이 축적되거나, 감정의 상호작용이 일어나는 장소, "공간이 단지 배경이 아니라 감정의 주체이자 매개체가 된다" - 개념과 같은 복잡하고 추상적인 이론을 이해하는 데 영화는 우리에게 시각적인 도움을 준다. 감각적·서사적 방식으로 풀어낼 수 있는 매체로서의 영화는, 도시공간을 단지 배경이 아니라 정동(Affect)과 권력(Power), 기억과 저항이 응축된 살아 있는 장(場)으로 보여 줄 수 있다.

헨리 레페브르(Henri Lefebvre)는 도시를 '사회적 생산물'로 보았다. 도시는 철근과 유리로만 만들어지지 않는다. 그 안에는 사람들의 감정, 기억, 트라우마, 불안, 희망이 응축되어 있다. '정동적 공간'이란 인간의 감정, 감각, 분위기, 신체적 반응 등이 공간의 구성과 경험에 깊이 얽혀 있는 공간을 말한다. 이것은 단순히 물리적 구조나 기능적 배치로 환원될 수 없는, 살아 있고 움직이며, 느낌을 주고받는 공간이다. 예컨대, 어떤 거리는 단순히 '이동 경로'가 아니라 공포스러운 거리, 향수가 깃든 골목, 해방감을 주는 광장이 될 수 있다. 이는 공간이 '기능'이 아닌 감정과 정체성, 기억을 통해 구성된다는 점을 보여 준다.

르페브르의 관점에서 본 정동적(이하 '감정적') 공간의 특징은 다음과 같이 설명할 수 있다.

- **공간은 감정의 그릇이다**: 공간은 단순히 비어 있는 '장소'가 아니라, 사람들이 느끼는 공포, 애정, 저항, 해방, 환대 등의 감정이 쌓이고 퍼지는 장이다.
- **공간은 살아 있는 유기체다**: 공간은 고정된 것이 아니라, 끊임없는 경험과 정동을 통해 다시 구성된다.
- **감정은 권력과 얽힌다**: 어떤 공간이 편안하게 느껴지는가 혹은 위협적으로 다가오는가는 사회적 권력 관계와도 밀접하게 연결되어 있다.
- **난민 캠프, 이주민 주거지, 젠트리피케이션 지역** 등도 그 자체로 물리적 공간이지만, 동시에 불안, 추방, 희망, 상실, 연대 등의 정동이 응축된 공간이다.

영화는 이미지, 소리, 움직임, 리듬, 그리고 캐릭터의 시선과 경험을 통해 공간을 '보여 주는' 것이 아니라 '느끼게' 만든다. 이 점에서 영화는 도시공간이론, 특히 공간의 사회적 생산, 감정적 감응, 계급과 권력의 공간화와 같은 개념을 직관적이고 감각적으로 전달할 수 있는 강력한 해석 매개체가 된다.

또한 영화는 공간에 대한 감각적 접근을 가능하게 한다. 한 장면

속에 배치된 조명, 소음, 배경 인물, 거리 풍경 등은 공간이 단순히 중립적 배경이 아니라 감정이 움직이는 '현장'임을 보여 준다. 이는 르페브르의 '공간의 표상(Representational Space)' 개념과 깊이 연결된다. 영화는 이러한 표상 공간을 구성하는 데 탁월하며, 개인의 기억, 욕망, 상처, 저항이 어떻게 도시 공간과 얽히는지를 서사적으로 형상화할 수 있다.

무엇보다 영화는 특정 도시공간이 가진 정치적·역사적 맥락을 은유적 방식으로 드러내는 수단이 되기도 한다. 다큐멘터리나 사회비판적 영화는 특정 공간의 젠트리피케이션, 철거, 이주, 소외 등의 문제를 통해 도시공간이 어떻게 권력에 의해 통제되고, 동시에 시민의 저항 속에서 다시 쓰이는지를 감각적으로 제시한다.

결국 영화는 도시공간이론을 단순히 '이해'하는 것을 넘어, '체험'하고 '느끼게' 하는 유일무이한 예술적·교육적 도구로서 탁월한 매체이다. 이론의 추상성을 일상의 감각과 감정으로 번역하는 데 있어, 영화만큼 감정적이고 통합적인 매체는 드물다. 따라서 영화는 도시공간이론을 풍부하게 해석하고, 관객의 도시적 감수성을 깨우는 데 있어 매우 효과적인 수단이라고 할 수 있다.

조커의 계단, 상징적 공간의 반전

영화 속 빌런이 도시를 파괴하는 장면에 몰입하다 보면 빌런이 도시공간을 감정적으로 재구축한다는 사실을 알게 된다. 그는 도시가 감추려는 구조와 감정을 드러낸다.

빌런은 영화에서 종종 '혼란'이나 '악의 화신'으로 그려지지만, 조금만 시선을 달리하면 그들이 등장하는 도시 공간 자체가 이미 모순된 구조임을 알 수 있다. 도시는 항상 영웅의 무대였던 것처럼 보이지만, 실은 빌런의 상처와 정체성이 가장 진하게 드러나는 공간이기도 하다.

영화 '조커'(2019)에서 등장하는 고담시의 계단은 그 대표적 예다. 이 계단은 뉴욕 브롱크스의 167번가에 실재하는 계단이지만, 영화 속에서는 아서 플렉(조커)의 내면과 사회적 위치, 감정의 흐름을 시각적으로 투사하는 도시의 감정적 거울로 기능한다.

초반부, 아서는 초라한 광대 복장을 한 채 굽은 어깨로 계단을 힘겹게 올라간다. 도시에서 그는 하위 계층이며, 계단을 '오른다'는 행위는 사회적으로는 올라가지 못하는 자의 무력한 의지를 드러낸다. 그의 존재는 수직적 위계 구조 속에서 매일 '떨어진다'.

하지만 후반부, 조커로 변신한 그는 똑같은 계단을 춤추며 내려온다. 경쾌한 록 음악(Gary Glitter의 'Rock and Roll Part 2')에 맞춰, 그는 웃고 춤추며 사회적 억압에서 벗어난 '해방감'을 표현한다. 그러나 그 해방은 파괴적이다. 이 계단은 더 이상 정상으로 향하는 길이 아니다. 이제 그에게는 도시를 조롱하며 내려다보는 권력의 시선이 된다.

"I used to think that my life was a tragedy. But now I realize… it's a comedy." - Joker

계단은 상하 이동의 구조물이지만, 영화 속에서는 정체성의 뒤바뀜, 질서와 무질서의 전복, 억압에서 해방으로의 심리적 이행을 상징한다.

고담시: 영웅과 빌런의 이중적 도시 모델

고담시는 단순히 범죄율이 높은 가상의 도시가 아니라, 현대 도시가 안고 있는 윤리적 긴장과 구조적 모순을 압축적으로 드러내는 상징적 공간이다. 이 도시는 표면적으로는 질서와 정의를 지키는 영웅의 도시로 기능하지만, 동시에 그 질서를 파괴하고 폭로하는 빌런들이 끊임없이 등장하는 반항의 도시이기도 하다. 고담은 질서와 붕괴, 이상과 병리, 통제와 저항이 동시에 작동하는 이중적 도시 모델로 읽혀야 한다.

고담의 한 축은 '영웅적 도시', 즉 '승자의 도시'라는 이상에 기반한다. 범죄와 부패가 만연한 도시에서 배트맨은 제도권이 감당하지 못하는 질서를 회복하는 역할을 한다. 그는 사법 시스템 바깥에서 활동하지만, 그 목적은 오히려 도시의 윤리적 기초를 보완하고 보호하는 데 있다. 따라서 고담은 단지 부패한 도시가 아니라, 정의와 질서의 이상을 아직 포기하지 않은 공동체로 묘사된다. 영웅이 존재한다는 사실은 이 도시가 여전히 회복 가능하고, 보호할 가치가 있다는 점을 전제로 한다.

그러나 고담은 또한 끊임없이 빌런을 낳는 도시이기도 하다. 조커, 리들러, 베인, 투페이스와 같은 인물들은 외부의 침입자가 아니라, 고담이라는 도시 내부의 구조에서 탄생한 존재들이다. 이들은 각자 고담의 부패, 불평등, 배제, 위선에 대한 반응으로 나타나며, 도시가 감추고 있는 병리와 억압을 가시화하는 역할을 한다. 고담은 질서를 지키는 영웅을 만들어 내지만, 그 질서 속에서 소외되고 억눌린 존재들이 그 반작용으로 빌런이 되어 돌아오는 공간이기도 하다.

고담의 핵심은 바로 이 이중성의 공존이다. 이 도시는 정의를 지향하면서도 불의로 유지되고, 영웅을 숭배하면서도 동시에 그를 필요로 하는 병든 시스템을 반복한다. 더욱 매력적인 것은 고담시의 영웅조차도 도시의 질서 밖에 존재한다는 설정이다. 이러한 현상은 다음의 도시적 모순으로 나타난다.

- **법은 있지만 신뢰받지 못한다 → 배트맨의 등장은 제도의 무력화를 전제함**
- **질서는 있지만 권력은 타락했다 → 빌런들은 이 타락의 부산물이자 고발자**
- **도시는 지켜지지만, 결코 안정되지 않는다 → 위협은 외부가 아**

니라 내부에서 반복적으로 출현

 이런 점에서 고담은 '승자의 도시'와 '빌런의 도시'라는 이중 구조 속에서, 늘 자기부정적인 윤리를 전개하는 공간이다. 도시는 유지되지만, 결코 완성되지 않는다. 영웅은 필요하지만, 그 존재가 빌런을 자극한다. 이와 같은 구조는 고담이라는 도시가 단지 선과 악의 대립 구도가 아니라, 현대 도시의 근본적인 모순과 균열을 반영하는 공간임을 드러낸다.

도시공간은 정체성을 연출하는 무대

 도시를 영웅과 빌런의 무대로 바라볼 때, 영화는 그 공간의 사회적 의미, 정체성과 정치적 가치, 긴장감을 효과적으로 드러내는 도구가 된다. 영화는 도시가 단순한 배경이 아니라 연출되고 해석되며, 감정이 오가는 장임을 시각적으로 구성하고, 관객에게 도시공간의 이면을 느끼고 이해하게 만드는 하나의 감정적 지도이자 비판적 렌즈가 된다. 이로써 영화는 도시공간을 단순히 보여 주는 것이 아니라 드라마화하고, 해석하고, 문제화하는 강력한 매체로 기능한다.
 도시는 '장소'이지만 동시에 무대이자 관객이다. 도시공간을 사용자의 정체성을 연출하는 무대이자 관객으로 본다는 관점은 도시를 단순한 물리적 배경이나 기능적 장치가 아니라, 행위자(사람)의 존재와 정체성, 욕망과 갈등을 드러내고 그것을 반영하는 능동적 공간으로 인식하는 시각이다. 이러한 맥락에서 영화는 도시를 이해하는 데 있어 탁월한 상징적, 감각적, 서사적 도구로 활용할 수 있다.

예를 들어 '다크 나이트'에서 조커가 폭동을 일으키고 병원을 무너뜨리는 장면은 단순한 파괴가 아니라 도시의 질서, 윤리, 통제를 시험하고 조롱하는 퍼포먼스이다. 이때 도시공간은 조커의 혼란과 위협을 증폭시키는 동시에, 고담 시민의 두려움과 집단 심리를 드러내는 스크린이 된다. 마찬가지로, 영웅이 도시를 지키는 장면은 도시가 영웅적 가치(정의, 희생, 연대)의 증인이자 수혜자가 되는 극적 순간이 된다.

영화는 도시를 감각적으로 '보게' 할 뿐만 아니라, '해석하게' 만든다. 도시공간을 통해 인물의 서사를 만들어 나가고, 도시가 품고 있는 사회적 긴장, 계급, 감정, 기억을 시각화하는 능력은 영화만의 독특한 힘이다. 이를 통해 우리는 도시를 단지 물리적 환경이 아니라, 이데올로기와 감정, 정체성과 투쟁이 각인된 상징적 구조로 읽게 된다.

예컨대, 봉준호의 '기생충'은 도시 공간의 위계-고지대의 저택과 저지대의 반지하-를 통해 계급 불평등과 욕망의 구조를 시각화하며, 도시가 어떻게 사람들의 정체성을 규정하고 한정하는지 보여 준다. 예를 들어, 고지대와 저지대, 빛과 어둠, 지하와 지상의 대비를 통해 도시 공간 속 계급의 위계와 감정적 긴장을 시각적으로 구현하며, 르페브르가 말한 공간의 이데올로기성과 정동성을 효과적으로 드러낸다. 관객은 주인공 가족이 비를 피해 지하 계단을 내려가는 장면을 통해 '저층 주거'의 실질적인 감각을 경험하며, 도시 공간이 단순한 거주지가 아니라 사회적 낙인의 장소이자 정체성의 구성 요소임을 체감하게 된다.

마찬가지로 배트맨 시리즈에서 고담시는 범죄와 정의, 공포와 희망이 얽힌 '상징적 정체성의 전장(戰場)'이자, 도시 자체가 인물의 내면을 반영하는 유기체로 등장한다.

무엇보다 영화는 도시를 말하게 한다. 누가 도시에 소속되고, 누가 배제되며, 누가 권력을 쥐고, 누가 추방당하는지를 영화는 시각적으로 보여 준다. 이러한 질문은 영화 속 공간의 구조, 이동 경로, 거리의 배치, 건축물의 상징을 통해 은유적으로 드러난다. 이때 관객은 도시를 바라보는 동시에 자신의 위치, 정체성, 욕망을 되돌아보게 된다.

영화는 이를 시각적으로 조직한다. 도시의 높은 옥상, 어두운 지하, 좁은 골목, 공장지대는 정서의 질감과 정체성의 외형화다. 이러한 공간은 빌런의 내면과 사회에 대한 메시지를 동시에 전달한다.

도시는 계획과 효율, 질서를 통해 구성되지만, 그 이면에는 늘 억압된 감정의 댐이 있다. 빌런은 이 감정을 폭발시키는 존재다. 그가 도시의 계단을 내려올 때, 지하를 통과할 때, 올림픽 스타디움을 무너뜨릴 때 우리는 도시가 숨겨 온 불안, 결핍, 상처, 분노가 공간을 통해 표면으로 솟아오름을 느낀다.

도시, 불안의 배경:
환경심리학으로 본 공간 감정

도시는 인간 감정의 정거장이자, 때론 고립의 상징이다. 특히 공포, 고립, 불안이라는 감정은 도시에서 더욱 증폭된다. 복잡한 거리와 어두운 골목, 텅 빈 지하철역, 인적 드문 계단과 비상통로―이 모든 것은 환경이 인간의 감정에 미치는 영향을 보여 주는 도시적 정서의 전형이다.

이 장에서는 환경심리학(Environmental Psychology) 이론을 바탕으로 도시 공간이 인간의 감정, 특히 불안과 두려움을 어떻게 자극하는지를 탐색하고, 영화 속 빌런들이 이러한 공간적 트리거를 어떻게 활용하거나 체현하는지를 분석한다.

환경심리학의 관점에서 본 공간 감정

환경심리학은 인간이 자신을 둘러싼 환경과 어떻게 정서적으로 상호작용하는지를 연구하는 학문이다. 이 이론에 따르면, 공간은 단지 물리적 배경이 아니라 감정을 유도하는 능동적 요인이다. 마이클

아폴로너(Michael Apollonio)는 "공간은 인간 감정의 외피이자 내면을 투사하는 장치"라고 설명한다. 좁고 어두운 골목길, 반쯤 무너진 벽면, 으스스한 조명, 반복적인 소음과 진동은 불안을 유발하는 대표적 환경적 자극이다. 특히 도시에서는 이러한 자극들이 응축되어 감각적 과부하(Sensory Overload)를 일으키며, 사람들은 직관적으로 이 공간을 회피하거나 감시하려는 욕구를 가지게 된다.

알트만의 이론 가운데 영역성(Territoriality) 이론은 특히 『빌런의 도시학』과 같은 도시공간과 사회적 갈등, 권력의 관계를 탐구하는 맥락에 효과적으로 적용할 수 있다.

영역성 이론이란 개인이나 집단이 특정한 공간을 자신만의 영역으로 설정하고, 그 영역을 통제하고 관리하며, 이를 통해 개인의 감정과 사회적 관계를 표현하는 현상을 설명한다. 이 이론은 특히 공간이 단순히 물리적 요소에 머물지 않고 인간의 정체성 표현과 권력관계 형성의 중요한 매개체임을 강조한다.

영역성 이론의 주요 특징은 다음과 같다. 첫째, 통제와 지배의 문제를 중시한다. 즉, 영역을 설정하고 그 경계를 구분하는 행위는 사회적 지위를 표현하거나 권력 관계를 형성하는 적극적 행위이다. 둘째, 공간을 개인이나 집단의 정체성, 가치, 감정 등을 반영하는 수단으로 보는 상징적 표현성을 강조한다. 마지막으로, 영역 설정은 갈등과 협상의 가능성을 동반한다는 점에서 갈등과 사회적 역동성을 포함한다.

빌런의 도시학에 영역성 이론을 적용하면 다음과 같은 중요성이 있다. 첫째, 도시는 단순히 설계되고 계획된 공간이 아니라 집단 간의 권력 투쟁과 사회적 긴장이 지속적으로 나타나는 장소라는 점을 드러낸다. 빌런과 같은 인물들이 특정 도시 공간을 점유하거나 통제함으로써 자신의 존재와 권력을 상징적으로 표현하는 행위를 영역성 이론으로 분석할 수 있다. 둘째, 영역성 이론은 빌런들이 어떻게 특정 장소를 자신들의 감정과 정체성을 드러내는 수단으로 사용하는지를 명확히 보여 준다. 마지막으로, 이 이론은 도시가 인간의 감정적 표현과 사회적 정체성을 담는 역동적인 공간임을 강조하면서, 도시 설계나 관리가 단순히 기능적 문제를 넘어서 인간과 사회의 본질적인 특성을 다뤄야 한다는 점을 부각시킨다.

따라서 알트만의 영역성 이론은 도시 공간을 빌런이라는 특정한 주체의 권력, 정체성, 감정 표현의 장으로 이해하는 데 중요한 개념적 도구로 활용될 수 있으며, 도시 공간에 대한 깊이 있는 해석을 가능하게 한다는 점에서 큰 의미를 가진다.

불안의 공간 트리거들

도시에서 불안을 가중시키는 공간은 몇 가지 공통적인 특성을 가진다. 이러한 공간들은 대체로 어둡고, 고립되어 있으며, 감시나 관리가 부족한 특징을 보인다. 구체적으로 좁고 구불거리는 골목길,

어둡고 음침한 지하도, 방치된 빈 건물, 혹은 버려진 공간 등이 대표적이다. 이러한 공간들은 사람들로 하여금 심리적 긴장과 불안을 유발하고, 범죄와 위험의 가능성을 무의식적으로 상기시키게 된다.

이러한 공간의 특징은 다음과 같은 공통점을 지닌다.

첫째, 시야의 제한성이다. 시야가 제한되면 위협적 상황을 미리 감지하기 어렵게 되어 사람들은 불안을 느끼고 위축된다.

둘째, 사회적 고립과 익명성이다. 공간이 고립되고 사람들이 드물게 방문하면 개인은 위험한 상황에 처했을 때 도움을 얻을 가능성이 낮다고 느껴 불안을 증폭시킨다.

셋째, 무질서와 방치 상태이다. 관리되지 않은 쓰레기, 낙서, 방치된 건물 등은 사회적 통제력의 결핍을 상징적으로 나타내며, 범죄의 가능성과 위험의 가능성을 높인다.

이러한 불안의 공간은 빌런의 성장에도 직접적인 영향을 미친다. 심리적으로 불안한 공간은 사회로부터 소외되고 고립된 개인에게 자기 정당화와 정체성 형성의 중요한 기회를 제공한다. 빌런은 대체로 사회적 불만과 갈등 속에서 성장하며, 도시 내의 불안정하고 위험한 공간은 이들의 성장과 행동을 촉진하는 환경적 배경이 된다. 또한, 이러한 공간은 기존 사회질서와 대립하거나 권력 관계를 전복하려는 빌런에게 은신처나 기지를 제공함으로써 그들의 성장과 영향력 확대에 결정적인 역할을 한다.

결과적으로 도시에서 불안을 유발하는 공간의 특성은 단순히 불편한 장소를 넘어, 사회적 소외와 갈등, 폭력을 촉진하고 빌런과 같은 존재들이 성장하고 사회와 대립하는 중요한 배경으로 작용한다. 이는 도시공간 설계 및 관리에 있어 불안의 공간을 최소화하는 것이 사회적 안정성을 확보하고, 빌런의 성장을 예방하는 데 필수적임을 의미한다.

『배트맨 비긴즈』(2005)에서 조나단 크레인은 고담의 아캄 정신병원을 거점으로 활동한다. 그는 주로 공포를 이용하여 사람들을 혼란에 빠뜨리는 것을 즐기는데, 공포가스를 퍼뜨리며 말한다.

"이 도시의 사람들은 이미 자신들의 두려움 속에 갇혀 있다."

이 대사는 도시가 단순히 물리적 공간이 아니라 사람들의 공포와 불안, 혼돈이라는 다양한 감정을 체화한 공간임을 드러낸다.

감정-장소 이론과 기억의 구조화

감정-장소 연계 이론(Affect-Place Theory)은 특정 공간이 특정 감정을 유도하고, 그 감정이 기억으로 연결되며 정체성을 형성하는 과정을 설명한다. 이 이론에 따르면, 우리는 감정을 특정 장소와 함께 기억하고, 그 감정은 그 공간의 이미지와 결합되어 저장된다.

장소 애착 이론(Place Attachment Theory)은 개인이나 집단이 특정한 장소에 대해 가지는 깊은 정서적이고 심리적인 유대감을 설명하는 개념이다. 알트만(Altman)과 로우(Low)는 이 이론을 통해 사람들이 장소를 단순히 물리적인 공간이 아니라 자신의 정체성, 감정, 기억을 표현하고 유지하는 중요한 수단으로 사용한다고 제안했다. 장소 애착의 주요 구성 요소로는 장소에 대한 강한 정서적 유대감, 개인적이고 상징적인 의미 부여, 그리고 물리적이고 행동적인 상호작용 빈도 등이 있다. 이와 같이 개인은 장소를 통해 내면의 감정과 경험, 사회적 관계를 표현하고 강화하게 된다.

장소 애착의 구성 요소는 다음과 같다.

① 정서적 유대(Emotional Bonding): 장소와의 강력한 정서적 연결로, 장소는 기쁨, 슬픔, 안정감, 사랑 등 개인의 감정을 표현하는 매개체가 된다.
② 인지적 의미(Cognitive Meaning): 장소에 부여된 개인적이고 상징적인 의미를 포함하며, 장소가 개인의 정체성이나 삶의 역사에서 중요한 역할을 한다는 점을 강조한다.
③ 행동적 연계(Behavioral Connection): 특정 장소와의 물리적 상호작용과 이용 빈도가 많을수록 장소 애착이 강해지는 경향을 나타낸다.

빌런의 도시학적 관점에서 장소 애착 이론은 도시의 공간이 어떻게 빌런의 정체성과 감정적 세계를 형성하고 표현하는지 분석할 수 있는 중요한 틀이 된다.

첫째, 빌런의 장소 애착은 종종 도시에서 소외된 지역이나 방치된 공간과 연결된다. 빌런들은 사회적 배제와 소외의 경험을 특정 공간에 투영하여, 그 공간과 강력한 정서적 유대감을 형성하게 된다. 이는 공간이 그들의 내적 감정, 갈등, 불만을 표현하는 상징적 장소로 기능하게 함을 의미한다.

둘째, 빌런은 장소 애착을 통해 자신의 정체성을 형성하고 표현한다. 빌런은 특정한 장소를 자신과 동일시하며, 이 장소는 빌런의 개인적 역사와 내러티브를 상징적으로 담고 전달한다. 이를 통해 그들의 행동과 목표를 정당화하거나 강화하는 근거로 삼기도 한다.

셋째, 장소 애착은 빌런들이 공간에 대한 독점적 소유감을 형성하게 하고, 사회적 갈등을 심화시킬 수 있다. 빌런이 특정 장소에 강한 애착을 가지면, 이 장소를 외부로부터 방어하거나, 혹은 사회적 갈등의 중심지로 만들어 빌런의 영향력을 확대하는 수단으로 활용하게 된다.

결론적으로, 장소 애착 이론은 빌런이 특정 도시공간을 단순히 점유하는 것이 아니라, 그 공간을 통해 정서적, 사회적, 상징적으로 자신을 정의하고, 도시와의 관계를 설정하며, 권력과 갈등을 표현하는 과장을 밝히는 데 매우 유용하다.

'블레이드러너 2049'(2017)에서 복제인간 K는 황량한 도시에서 존재론적 불안과 감정 결핍을 경험한다. 끊임없이 내리는 비와 거대한 홀로그램 광고는 감정 없는 삶의 배경이며, 내부적 고뇌와 외부 공간이 공명한다. 그는 자신이 체험한 고통의 장소를 단순히 '배경'으로 삼는 것이 아니라, 그곳을 새로운 질서를 향한 상징적 공간으로 전환하려 한다. 공간은 그들의 감정을 담는 기억의 그릇이다.

어두운 공간의 상징과 상상력

도시는 빛의 질서뿐 아니라 어둠의 혼돈도 함께 품는다. 우리가 도시를 '문명'의 결정체로만 바라보는 한편, 도시에는 버려진 공간, 잊힌 장소, 감시에서 벗어난 경계가 존재한다. 그리고 그 어둠 속에서 빌런은 살아간다.

도시의 어두운 공간은 단지 빛이 닿지 않는 물리적 장소를 의미하는 것이 아니라, 인간의 상상력과 정서, 그리고 사회적 구조를 자극하는 상징적이고 서사적인 무대로 기능한다. 특히 이 공간은 불확실성과 공포, 질서 밖의 자유, 그리고 빌런 서사의 시작과 귀환이라는 세 가지 관점에서 중요한 의미를 지닌다.

첫째, 도시의 어두운 공간은 불확실성과 공포를 유발하는 상상력의 촉매로 작용한다. 조명이 닿지 않고 시야가 제한된 공간은 인간의 본능적인 두려움을 자극하며, 현실과 비현실의 경계를 모호하게 만든다. 이로 인해 사람들은 이 공간을 단순히 빈 장소로 보지 않고,

그 안에 존재할지 모를 위협, 음모, 금기된 행위들을 상상하게 된다. 이처럼 어두운 공간은 공백이 아니라, 그 공백을 채우는 상상의 무대가 되어 호러, 스릴러, 범죄 서사 등에서 끊임없이 활용된다.

둘째, 이러한 공간은 기존 사회 질서와 통제 너머에 존재하는 자유의 공간이기도 하다. 공식적 규칙과 감시가 닿지 않는 어두운 골목, 뒷길, 폐건물 등은 비주류나 소외된 존재들이 자신만의 세계를 형성할 수 있는 틈새를 제공한다. 이곳에서는 새로운 정체성, 관계, 윤리가 실험되며, 때로는 파괴적이거나 해방적인 에너지가 분출된다. 따라서 어두운 공간은 억압된 질서에 대한 저항과 해체의 가능성을 품고 있는 장소로 작용한다.

셋째, 도시의 어두운 공간은 빌런 서사의 출발점이자 귀환점이라는 점에서 상징적이다. 많은 빌런들은 사회에서 배제되거나 상처받은 경험을 이 어두운 공간 속에 묻고, 그 속에서 자신의 새로운 자아를 형성한다. 조커가 지하철과 계단을 통해 광기의 정체성을 선언하듯, 빌런은 어두운 공간에서 탄생하고, 궁극적으로 그곳으로 돌아가 자신의 존재를 재확인하거나 파괴를 완성한다. 이 공간은 단순한 은신처가 아니라, 감정과 기억, 트라우마와 복수심이 응축된 장소로서 서사의 정서적 중심을 이룬다.

결국 도시의 어두운 공간은 사회적 주변부에 위치한 동시에, 가장 강력한 상상력의 중심에 있는 장소이다. 그 속에는 공포와 가능성, 금기와 해방, 탄생과 귀환이 동시에 존재하며, 이는 도시라는 체계의 균열 속에서 인물과 이야기가 살아 숨 쉬도록 만드는 근원적 공간으로 작용한다.

도시 기호학의 재구조화

도시가 권력과 제도의 장이라면, 빌런은 그 외곽에서 움직인다. 폐허가 된 건물, 하수구, 지하도, 철거 직전의 동네. 이 공간들은 대부분 기능을 상실한 '잉여공간'이며, 사회가 제거하거나 망각하고 싶은 흔적들이다.

이러한 장소들은 도시계획에서 소외된 경계 공간이며, 탈장소성(Placelessness)을 띠는 경우가 많다. 그러나 빌런은 이 장소에 감정과 기억을 주입하며 새로운 서사를 입힌다. 그 공간은 더 이상 버려진 장소가 아니라, '기억과 경험을 되살리는 무대'가 된다. 예를 들어, 버려진 철도 창고나 낡은 폐건물을 점유하는 빌런은 그 장소를 통해 "나는 이 사회가 잊은 존재다", 혹은 "이 공간은 나의 부활을 상징한다"는 식으로 의미를 재부여한다. 이때 공간은 '잊힌 장소'라는 사회적 낙인을 벗고, '저항의 성역'이라는 새로운 기호로 재탄생한다.

도시의 '경계(Edge)'란 중심과 주변, 내부와 외부, 정상과 비정상의 구분이 불분명한 장소다. 빌런은 이 경계적 공간을 의도적으로 활용하여 자신의 정체성도 중심 질서에 속하지 않는 이질적인 존재임을 강조한다. 이때 경계 공간은 사회로부터 추방당한 자기 정체성의 메타포로 작용한다. 빌런은 경계 공간을 점유함으로써 "나는 중심에 속하지 않는 자"라는 사회적 담론에 대한 반박 기호를 구성한다.

기호학적으로 공간은 기억을 담는 기호 체계로도 작용한다. 빌런이 과거의 트라우마가 있던 장소(예: 부모가 살해된 거리, 자신이 고문당한 방 등)를 다시 찾아가거나 점유하는 행위는, 그 장소의 기존의 의미를 의도적으로 변형하거나 재서사화하는 과정이다. 즉, 빌런은 "이곳은 내가 무력했던 공간이 아니라, 이제 내가 통제하는 공간이다"라는 새로운 의미를 그 공간 위에 씌운다. 기억의 기호를 재정의함으로써 과거의 피해자에서 현재의 주체로 변화한다.

빌런은 도시의 경계와 잊힌 공간을 단지 은신처나 범죄 현장으로 삼는 것이 아니라, 자신의 정체성과 감정을 상징적으로 표현하는 기호 체계로 변환한다. 이는 기호학적으로 볼 때, 공간을 통해 사회와 대립하고, 과거를 재구성하며, 존재의 의미를 재정의하는 능동적이고 상징적인 자기 서사 행위다.

빌런은 대개 도시의 일반적인 질서나 규범을 따르지 않으며, 그들의 이동 '경로(Path)' 역시 도시의 공식적인 흐름과는 다르게 설정된다. 빌런이 선택하는 경로는 대부분 지하철 선로, 폐허가 된 골목, 고가도로 아래, 폐공장과 같은 비공식적이고 감시의 시선에서 벗어난 곳이다. 이처럼 도시의 '비가시적 경로'를 활용하는 빌런의 동선은 도시의 구조화된 이미지에 의도적인 균열을 내고, 질서에 저항하는 행위적 기호로 해석될 수 있다. 즉, 빌런의 경로는 단순한 이동의 동선이 아니라, 도시 질서의 경계를 넘나들며 균열과 불안을 생성하는 공간적 기호 장치로 작용한다.

더불어 빌런의 경로는 단순한 공간 점유를 넘어, 그들의 내면적 정체성과 감정의 흐름을 시각화하는 상징적 구조이기도 하다. 특정 장소를 반복적으로 오가거나, 과거의 상처와 관련된 공간을 경유하는 빌런의 동선은 트라우마와 분노, 복수의 감정을 담은 심리적 회로이자 내러티브의 흐름으로 작동한다. 이 경로를 따라 형성되는 움직임은 단순한 물리적 위치 이동이 아니라, 빌런이 자신의 서사와 세계관을 도시 공간 위에 서술해 나가는 과정이다. 이러한 측면에서 빌런의 경로는 정체성의 확인과 재구성을 가능하게 하는 상징적 궤적이 된다.

무엇보다 중요한 점은, 빌런이 경로를 기호적 재해석의 도구로 활용한다는 것이다. 기존의 일상 경로를 재기호화(Resignification)함으로써, 평범한 거리나 골목, 계단은 '새로운 서사와 상징성을 부여받는 장면(Scene)'으로 탈바꿈된다. 예컨대 영화 '조커'(Joker, 2019)에서 주인공 아서 플렉은 매일 오르던 계단을 조커로 각성한 이후에는 무대처럼 활용하며, 그 위에서 춤을 추며 내려온다. 이는 동일한 경로가 상반된 정체성과 감정을 표현하는 기호적 공간으로 변화했음을 상징하며, 도시 내에서의 경로가 단지 기능적 이동 경로가 아니라 심리적·서사적 의미를 생성하는 매체임을 보여 준다.

'노드(Node)'는 사람들이 자주 교차하거나 머무르며 방향을 설정하는 심리적 중심이자 사회적 결절점으로 기능한다.

광장, 교차로, 지하철역, 문화적 중심지 등은 그 자체로는 물리적 구조에 불과하지만, 수많은 사건, 만남, 기억이 덧씌워진 결과 하나의 사회적 기호로 작동하게 된다. 이러한 공간은 도시 구성원들에게 특정 감정과 인상을 불러일으키며, 도시 전체를 해석하고 자신의 위치를 파악하는 기준점이 된다.

특히 흥미로운 점은, 이러한 노드가 종종 빌런 서사의 중심 무대로 선택된다는 것이다. 영화나 소설 속 빌런들은 사회적으로 가장 상징적인 장소를 의도적으로 점유하거나 파괴함으로써 기존 사회의 기억과 질서에 도전하고, 그 공간을 자신의 메시지를 표현하는 기호적 무대로 전환한다. 이는 기존의 기호체계-즉, 공간에 부여된 의미 체계-를 전복하고 새로운 기의를 덧입히는 '재기호화(Resignification)'의 행위로 이해될 수 있다. 빌런이 노드를 점령함으로써 "이곳은 더 이상 너희의 상징이 아니라, 나의 선언과 통제의 상징이다"라는 새로운 담론이 형성된다.

기호학적 관점에서 '지역(District)'은 특정한 물리적 기표(Signifier)-건축양식, 거리의 구조, 언어, 간판, 냄새, 사운드 등-를 통해 정체성, 계급, 문화, 역사, 정서와 같은 '기의(Signified)'를 담아내는 복합적인 기호체계이다. 예를 들어, 서울의 이태원, 뉴욕의 브루클린, 파리의 마레 지구는 각각의 시각적·사회적 코드에 따라 고유한 문화적 상징성과 인식을 갖게 된다. 이러한 지역은 도시민이 자신을 정체화하거나 타인을 분류하는 상징적 프레임이 된다.

지역은 그 자체로 사회적 구분과 심리적 정체성을 구축하는 공간이며, 기호학적으로는 도시 내에서 의미의 층위가 가장 응집된 기호적 단위다. 특정 지역은 특정 계층, 문화, 성향과 연결되며, 사람들은 그곳에 들어서거나 거주함으로써 자신이 누구인지, 어디에 속하는지를 공간을 통해 '말하게' 된다. 따라서 지역은 도시가 제시하는 거대한 기호 체계 속에서 사회적 코드와 정체성 언어가 작동하는 장이 된다.

이러한 지역의 기호적 구조는 도시 공간이 동일하지 않은 감정과 권력을 불균등하게 분포시키는 방식도 설명해 준다. 특정 지역은 개발과 재생을 통해 '힙한 곳', '뜨는 곳'으로 상징되며, 반면 어떤 지역은 '낙후된 곳', '위험한 동네'로 기의화된다. 이처럼 도시의 지역은 객관적 특성만이 아니라 기호적 이미지와 사회적 담론에 의해 끊임없이 재해석된다.

빌런의 서사에서도 지역은 주목할 만한 상징 공간으로 작동한다. 많은 경우, 빌런은 도시 중심부에서 밀려나 주변부 지역에 소속되거나, 자신이 속했던 지역을 배반의 공간으로 인식하고 새로운 공간 질서를 재구성하려는 서사적 충동을 드러낸다. 이때 지역은 단지 배경이 아니라, 빌런의 정체성, 감정적 상처, 혹은 세계관을 기호화하는 장치가 된다. 한편, 빌런이 자신의 지배 영역을 특정 지역에 '선언'하거나 도시의 지역 경계를 넘나들며 중심부를 위협할 때, 이는 도시의 기호 체계와 정체성 질서에 대한 재기호화(Resignification) 시도로 해석할 수 있다.

도시를 구성하는 다섯 가지 이미지 요소 중 하나인 '랜드마크(Landmark)'는 케빈 린치(Kevin Lynch)가 제시한 도시 이미지 이론에서 도시의 집단 기억을 시각적으로 각인시키는 상징 장치로서 기능한다. 기념비, 역사적 장소, 전쟁터, 혹은 특정 사건이 일어난 건물 등은 도시가 기억을 보존하고 후세에 전달하기 위해 시각적 기호로 설정해 놓은 장치들이다. 이들은 기억의 형상화된 기호로 작동하며, 시민들에게 특정한 역사적 감정과 윤리적 입장을 요구한다.

이러한 랜드마크는 도시 권력과 이념의 구축에서도 핵심적인 역할을 한다. 건축물은 시각적 우월성과 공간적 중심성으로 인해, 이념의 시각적 기호화가 가장 직접적으로 이루어지는 매개물이 된다. 독재 정권이 권위주의적 건축양식을 선호하거나, 자본주의 사회가 마천루를 통해 경쟁과 성공을 상징화하는 방식은 랜드마크가 정치·경제적 기호 장치로 작용하고 있음을 보여 주는 예시다.

빌런 서사에서도 랜드마크는 강력한 기호적 공간으로 활용된다. 빌런이 특정 랜드마크를 공격하거나 점령하는 행위는 단순한 파괴가 아니라, 기존 질서와 가치에 대한 상징적 도전을 의미한다. 예컨대, 조커가 병원을 폭파하거나, 테러리스트가 타워를 점령하는 장면은 단지 폭력적 행위가 아니라, 그 사회가 소중히 여기는 기표(랜드마크)에 정반대의 기의(혼돈, 파괴, 반전)를 부여하려는 재기호화

(Resignification)의 행위로 읽을 수 있다.

이처럼 랜드마크는 도시를 시각적으로 조직하는 구조일 뿐만 아니라, 문화적 서사와 이념, 기억, 권력의 상징으로 기능하는 기호적 장치이다. 도시민은 랜드마크를 통해 자신이 어디에 있고, 어디에 속하는지를 인식하며, 그 공간이 제시하는 가치와 기억 속에서 자신의 정체성을 구축한다.

빌런이 선택한 공간의 심리적 조건

 빌런이 특정 공간을 점유하는 방식은 단순한 전략이나 필요에 의한 것이 아니다. 그들이 선택하는 공간은 정서적 공명, 심리적 동일시, 그리고 상징적 복수심과 같은 복합적인 감정의 산물이다. 이 장에서는 행동설계론(Behavioral Architecture)과 장소 애착 이론(Place Attachment)을 바탕으로, 빌런이 특정 장소를 '선택'하는 심리적 조건과 그 의미를 분석한다.

 이론적 틀과 함께 영화 속 공간 선택 사례를 구체적으로 분석함으로써, 빌런의 공간 점유가 단순한 배경 연출이 아니라 강력한 상징행위임을 드러내고자 한다.

 빌런이 특정 장소를 선택하는 행위는 그들의 심리적·감정적 상태와 밀접한 관련이 있다. 빌런이 선호하는 장소는 일반적으로 사회적 고립감, 배제, 분노, 불만 등의 복합적인 감정을 표현할 수 있는 특징을 갖추고 있다.

 첫째, 빌런이 선택하는 장소는 흔히 사회적 배제와 소외를 상징하는 공간이다. 이들은 대개 방치된 건물, 버려진 공장, 음침한 뒷골목처럼 사람들이 잘 방문하지 않거나 관리되지 않는 공간을 선호한다. 이러한 장소는 빌런의 내면에 자리 잡은 사회적 불신과 고립감을 표현하는 무대가 되기 때문이다.

둘째, 빌런이 선택하는 장소는 사회적 통제력과 권력을 상징적으로 나타낼 수 있는 공간이다. 높은 건물의 옥상, 도시를 내려다볼 수 있는 장소, 또는 도심 한복판의 공공장소처럼 권력과 존재감을 효과적으로 과시할 수 있는 곳을 선호한다. 이런 장소는 빌런의 권력욕과 존재감에 대한 강렬한 갈망을 표현하는 공간으로서 기능한다.

셋째, 빌런이 장소를 선택할 때는 감정적 상징성이 중요하게 작용한다. 과거의 상처나 갈등, 또는 특정 개인적 사건과 연결된 장소를 선택하여 복수심이나 분노, 원한 같은 개인적인 감정을 공간을 통해 표현하기도 한다. 이로 인해 장소는 개인적 트라우마나 강렬한 정서적 기억을 드러내는 감정적 공간으로 기능하게 된다.

결국 빌런이 특정 장소를 선택할 때는 사회적, 권력적, 그리고 개인적 감정을 표현할 수 있는 심리적 조건을 충족시키는 공간이 중요하다. 이 장소들은 빌런의 심리적·감정적 상태를 효과적으로 표현하고, 그들의 내면적 갈등을 외적으로 드러내는 데 결정적인 역할을 하며, 빌런이 자신의 정체성과 감정을 외부에 강렬하게 나타내는 데 필수적인 요소로 작용한다.

사회적 배제와 소외를 상징하는 공간

 행동설계론(Behavioral Architecture)은 인간이 공간을 인지하고 사용하는 방식이 설계적 구조에 따라 달라진다고 설명한다. 사람은 통상적으로 '안정', '은폐', '조망'이 확보되는 공간을 선호한다. 그러나 빌런은 이와 반대로 불균형하거나 위협적인 공간을 선택함으로써 자신의 정체성을 드러낸다.

 사회적 배제와 소외를 상징하는 공간은 도시 내에서 사람들의 관심과 관리로부터 멀어진 곳으로, 대표적으로 버려진 공장, 방치된 빈 건물, 음침한 뒷골목, 폐쇄된 공공시설 등을 포함한다. 이러한 장소들은 일반적으로 어둡고 황폐한 외관, 관리되지 않은 상태, 그리고 사회적 단절의 분위기를 형성하고 있어 사회로부터 소외된 사람들의 심리적 상태를 투영하는 상징적 공간으로 기능한다.

 빌런이 이러한 장소를 선택하는 심리적 구조는 복합적이며 명확한 의미를 지닌다.

 첫째, 사회적 배제와 소외를 경험한 빌런은 자신이 처한 사회적 위치와 내면적 고립감을 공간적으로 표현하려는 무의식적 욕구를 가지고 있다. 이런 공간들은 빌런의 내면적 갈등과 외부 사회와의 분리를 가장 효과적으로 나타낼 수 있는 물리적 환경을 제공한다.

 둘째, 빌런은 이 같은 공간을 선택함으로써 자신이 속하지 못한 기존 사회 질서를 거부하고, 스스로 새로운 질서와 통제력을 구축하려는 욕구를 충족한다. 즉, 버려지고 소외된 공간에서 자신만의 규칙과 통제력을 행사하며 기존의 사회적 권위나 질서에 대항하고자 하는 심리적 동기를 실현할 수 있다.

셋째, 사회적으로 소외된 공간은 빌런에게 심리적 안전감을 제공하기도 한다. 역설적이게도, 사회적으로 배제된 공간은 빌런에게는 사회적 압력이나 규제로부터 자유로워질 수 있는 은신처의 역할을 한다. 이는 사회로부터 받은 상처나 배제감을 보호하기 위한 자기방어적 심리에서 비롯된다.

결국, 사회적 배제와 소외의 공간은 빌런에게 자신의 내적 세계와 사회적 갈등을 투영하고, 기존 사회적 규범과 질서에 도전하며 새로운 자기 정체성을 구축하는 중요한 심리적, 정서적 매개 공간이 된다. 이러한 공간 선택을 통해 빌런은 자신의 내면적 갈등과 소외감을 사회적·공간적으로 명확하게 드러내고 표현하는 것이다.

사회적 통제력과 권력을 상징하는 공간

사회적 통제력과 권력을 상징하는 공간은 도시 내에서도 눈에 잘 띄고 영향력을 행사하기 쉬운 곳으로, 대표적으로 도시의 높은 빌딩 꼭대기, 도심의 중심 광장, 랜드마크 건축물, 혹은 넓은 도로와 광장처럼 시각적으로 지배력을 표현할 수 있는 장소들을 포함한다. 이러한 공간은 단순히 물리적인 높이나 규모를 넘어, 사회적 영향력과 통제력을 효과적으로 과시하고 전달할 수 있는 상징적 가치를 지닌다.

빌런이 이러한 공간을 선택하는 심리적 구조는 명확한 권력 욕구와 통제 욕구를 내포하고 있다. 첫째, 빌런은 자신의 존재감을 극대화하고 타인 위에 군림하고자 하는 심리적 욕구를 충족하기 위해 사회적으로 눈에 띄는 공간을 선택한다. 높은 빌딩의 꼭대기나 도시를 한눈에 내려다볼 수 있는 장소는 빌런에게 공간적 우월감을 제공하여, 자신이 지닌 권력과 통제력을 가시적으로 나타내는 심리적 만족감을 준다.

둘째, 빌런의 공간 선택은 종종 기존 권력 체제와 사회적 질서에 직접적으로 도전하고자 하는 욕구를 드러낸다. 중심적 공간이나 상징적인 장소를 점령하는 행위는 기존 권력과 사회적 통제 체계를 명백하게 거부하거나 위협하는 메시지를 전달한다. 이는 빌런이 사회적 긴장과 갈등을 의도적으로 유발하며 자신의 존재를 알리고 영향력을 강화하려는 전략적 선택으로 해석할 수 있다.

셋째, 빌런이 권력을 상징하는 공간을 선호하는 것은 자신의 불안정한 내면과 불확실한 정체성을 외부로부터 인정받고 확고히 하려는 심리적 요구와도 관련이 있다. 도시의 중심부, 상징적 장소를 선택함으로써 자신의 정체성을 사회적으로 공인받거나, 적어도 두려움이나 경외감이라는 형태로 타인의 관심과 반응을 얻고자 하는 심리적 동기를 드러낸다.

결과적으로 빌런의 사회적 통제력과 권력을 상징하는 공간 선택은 자신의 우월성과 지배력을 표현하고, 기존 질서에 도전하며, 불안정한 내적 자아를 사회적으로 인정받고자 하는 복합적인 심리적 구조를 반영한다. 이를 통해 빌런은 단순히 물리적 장소 점유를 넘어서 자신의 내적 갈등과 권력에 대한 욕구를 도시 공간을 통해 명확하고 효과적으로 표출하는 것이다.

장소성, 정체성, 그리고 감정을 상징하는 공간

장소 애착 이론(Place Attachment)에 따르면, 공간은 정서적 기억의 저장소이며, 사람들은 감정적으로 중요한 장소에 집착하거나 그것을 점유함으로써 정체성을 확립한다. 빌런에게 특정 장소는 개인적 상처나 사회적 분노가 각인된 '감정의 증폭기' 역할을 한다.

정체성은 공간을 통해 구축된다. 에드워드 렐프(Edward Relph)는 "장소성은 인간 경험과 분리될 수 없는 감정적 토대"라고 주장한다. 빌런은 익명적인 공간이 아니라, 기억이 축적된 장소, 상처가 각인된 장소에 자신을 투영한다.

빌런이 자신의 감정을 상징적으로 표현할 수 있는 공간은 주로 개인적이고 정서적 의미를 지닌 특정 장소로 나타난다. 대표적인 예로는 버려진 주택, 폐쇄된 학교, 혹은 과거에 상처를 입었거나 트라우마를 경험했던 장소처럼 개인적인 감정과 강력한 기억을 담고 있는 공간들이 있다. 이러한 공간은 단순히 물리적 환경을 넘어 빌런의 내면 깊숙한 감정적 세계를 드러내고, 그들의 내적 갈등과 정서를 상징적으로 표현하는 장소로 기능한다.

빌런이 이러한 공간을 선택하는 심리적 구조는 복합적이며 명확한 상징성을 지닌다. 첫째, 빌런은 개인적 트라우마나 상처, 원한과 같은 부정적 감정을 강렬히 투영할 수 있는 장소를 선택한다. 이러한 장소는 과거의 상처를 기억하게 하고, 빌런이 지닌 내면적 갈등을 끊임없이 재확인하며, 결국 복수나 분노 같은 강렬한 감정을 강화하는 역할을 한다.

둘째, 감정을 상징하는 공간은 빌런에게 정서적 안식처이자 은신처의 역할도 한다. 빌런은 자신의 불안정한 정서를 사회적 시선으로부터 보호하기 위해 개인적이고 외진 장소를 선택하여 그 안에서 자신의 감정을 자유롭게 표현하고 방출할 수 있는 공간적 환경을 찾는다. 이를 통해 빌런은 스스로 감정을 통제하거나 해소하는 심리적 안정감을 추구한다.

셋째, 빌런의 공간선택은 개인적이고 정서적인 공간을 통해 자신을 사회적으로 설명하거나 정당화하려는 무의식적 욕구를 드러낸다. 감정적 공간은 빌런이 자신의 행동 동기와 내적 상태를 외부 세계에 간접적으로 전달하는 중요한 상징이 되기도 한다. 빌런은 이러한 공간을 통해 자신이 느끼는 분노, 슬픔, 혹은 고립감 등을 타인에게 암묵적으로 알리며, 자신이 처한 정서적 상황을 사회적으로 인정받으려는 심리적 욕구를 표현한다.

결국, 빌런이 자신의 감정을 상징적으로 나타내는 공간을 선택하는 것은 개인의 정서적 트라우마와 내면적 갈등을 표현하고, 이를 통해 감정적 해소와 동시에 사회적 인정을 추구하려는 심리적 동기를 반영한다. 이러한 공간은 빌런의 정서적 혼란과 내적 세계를 효과적으로 드러내는 중요한 장소적 상징으로서 의미를 지닌다.

'아키라'(1988)에서 테츠오는 네오도쿄의 폐허 위에서 강력한 초능력을 발현한다. 과거의 기술 폐기물과 정부 실험의 잔해가 얽힌 이 장소는 그가 통제 밖의 존재로 변화하는 심리적 전환점이다.

이처럼 빌런이 선택한 공간은 내면의 고통을 투사하며, 감정과 기억, 분노가 표출되는 무대다. 공간은 말이 없지만, 그들이 머무는 순간 감정의 언어가 된다.

영화 속 대사로 보는 공간과 감정

'조커'(2019)에서 브롱크스 계단의 이중성을 통해 공간이 감정의 정체성을 극명하게 대비시키는 것을 볼 수 있다. 아서 플렉은 매일같이 브롱크스의 계단을 힘겹게 오른다. 축 처진 어깨, 구겨진 셔츠, 무거운 발걸음은 그가 사회에서 얼마나 소외되어 있는지를 드러낸다. 이 장면은 일상의 압력과 존재의 무게가 그를 짓누르고 있다는 것을 암시한다. 반면 조커로 변신한 이후, 그는 같은 계단을 경쾌하게 내려오며 춤을 춘다. 브론디의 "Hey! (Song for the Lonely)"가 흐르며, 그는 상체를 휘젓고 팔을 들어올리며 자유를 만끽한다.

"For my whole life, I didn't know if I even really existed. But I do. And people are starting to notice."

그는 도시의 소음과 혼돈 속에서 처음으로 '존재감'을 갖게 된다. 이 계단은 단순한 구조물이 아니라, 권력 관계의 수직 구조, 억압과 해방, 통제와 자기 선언 사이의 긴장을 상징하는 상징적 무대다.

'블랙 팬서'(2018)에서 박물관은 기억 속의 전쟁터를 소환한다. 킬몽거는 런던 박물관에서 전시품을 바라보며 큐레이터에게 도발적으로 묻는다.

"How do you think your ancestors got these? You think they paid a fair price?"

그의 시선은 단순히 자신의 선조들의 유물에 머물지 않는다. 그것은 수백 년간 이어진 식민 약탈의 기억을 호출하고, 박물관이라는 공간을 '서사적 전복'의 장소로 재정의한다. 킬몽거에게 박물관은 단순한 문화적 전시관이 아니다. 그것은 전 지구적 약탈의 메모리이며, '정당한 분노'를 실현하는 복수의 무대가 되었다.

'007 스카이폴'(2012)에서 사이버 테러리스트 실바의는 MI6 본부를 공격하기 위해 지상 통로가 아닌 지하 하수도망을 복수의 통로로 활용한다. 복잡하게 얽힌 철도 터널, 낡은 배수관, 어둠 속을 빠르게 통과하는 장면은 그의 의도된 침투성을 강조한다. 그는 MI6의 서버를 해킹한 후, 전광판 앞에서 조용히 말한다.

"England. MI6. Look at what they've done to you. I'm your secret, the one they couldn't kill."

그는 도시의 폐부를 관통하며 체제의 심장을 찌른다. 도시의 뒷면(Underground)을 거쳐 드러난 이 장면은, 억압된 진실이 상징적 복수로 폭발하는 심리적 구조를 공간적으로 전개한 예다. 빌런은 기능적으로 존재하는 공간을 소비하지 않는다. 오히려 그들은 감정과 기억, 상처를 공간에 주입함으로써 공간의 의미를 전환하고, 그 장소를 창조한다.

'다크 나이트'(2008)의 조커가 병원 건물을 폭파시키며 퇴장하는 순간, 고층 빌딩이 배트심볼 형태의 굴뚝 연기와 함께 붕괴된다. 이 장면은 도시를 통제하는 권력 구조에 대한 도전과, 혼돈이 곧 그의 정서적 선언임을 시각적으로 표현하였다. 병원의 파괴는 도시의 도덕적 윤리적 질서가 붕괴되는 순간으로 조커는 간호사 복장을 하고 공포를 연출하면서 희극과 공포를 동시에 보여 준다. 조커는 '아무리 폭력적이어도 예상된 계획 안에 있다면, 아무도 놀라지 않는다'라는 대사로 제도와 시스템의 위선을 조롱한다.

"You know what I noticed? Nobody panics when things go 'according to plan'."

도시는 단지 배경이 아닌, 감정의 공명판이다. 빌런은 이 장소들을 통해 억눌린 정서를 퍼뜨리고, 감정적 질서를 다시 구성하며, 공간을 심리적 무기로 삼는다. 결국, 그들이 선택한 장소는 단순한 숨은 공간이 아닌, '감정의 해방구'이자 체제와의 대결선이다.

VILLAIN'S URBANISM

VILLAIN'S

5부

영화 속 빌런과 도시 공간

○

'조커'는 도시 공간이 어떻게 한 인간의 광기와 맞물리며, 사회적 불안이 상징적 폭력으로 변환되는지를 탁월하게 보여 준다. 조커는 도시의 산물이며, 동시에 도시를 전복하는 예언자다. 고담은 단순한 배경이 아니라, 조커의 감정, 분노, 불안을 반영한 거울이다.

○

영화 '아키라'(1988)의 대표 포스터는 도시적 배경 위에 주인공 '카네다'가 등을 보이며 걸어가고, 그 앞에는 상징적인 붉은 오토바이가 놓여 있는 장면을 담고 있다. 간결한 구도지만, 이 장면은 단지 등장인물을 묘사하는 것을 넘어서, 인간과 도시, 기술과 폭력, 주체와 운명 사이의 복잡한 관계를 은유적으로 시각화한다.

조커의 고담: 광기의 무정부 도시

조커는 현대 도시를 배경으로 한 영화 서사에서 가장 강렬한 인상을 남긴 빌런이다. 특히 2019년 토드 필립스 감독의 '조커'는 조커라는 인물의 내면과 도시 환경이 어떻게 맞물리며 서로를 규정해 가는지를 탁월하게 시각화한 작품이다.

이 장에서는 고담시라는 공간이 조커의 광기를 어떻게 수용하고 증폭시키는지를 살펴보며, 구체적인 장면과 대사를 통해 도시가 조커의 내면을 어떻게 형상화하는지 분석한다.

광기의 무대: 도시의 몰락과 정서적 붕괴

영화 초반, 아서 플렉은 광대 복장을 하고 손님 모집 광고 피켓을 흔들다가, 갑작스럽게 등장한 십대 무리에게 피켓을 빼앗기고 집단 폭행을 당한다. 이 장면은 고담시가 얼마나 무질서하고, 개인이 쉽게 폭력에 노출되는 공간인지 보여 준다. 배경은 쓰레기가 넘쳐나는 거리, 칙칙한 회색빛 건물, 황량한 골목이다. 영화 전반에 걸쳐 반복되는 브라운과 회색톤은 도시가 희망을 잃은 공간이라는 시각적 상징으로 기능한다.

"Is it just me, or is it getting crazier out there?"
(내가 미친 건지, 세상이 더 미쳐 가는건지)

이러한 아서의 대사는 고담의 사회적 광기가 개인의 심리를 파고드는 양상을 드러낸다.

아서가 매일 출근할 때 오르는 계단은 가파르고 음산하다. 그는 항상 무거운 발걸음으로 계단을 '오른다'. 이는 그가 도시의 위계 구조 속에서 하층민으로서 고통받고 있다는 상징이다. 그러나 조커로 변모한 그는 같은 계단을 경쾌한 음악에 맞춰 춤을 추며 '내려온다'. 조커가 팔을 흔들며 슬로우 모션으로 계단을 내려오는 장면은, 그가 사회 질서를 완전히 전복했음을 시각적으로 보여 준다. 경찰이 그를 잡기 위해 계단 위로 다가오자 그는 도망치며 또다시 '계단을 오른다'. 계단은 위계 구조이자 억압의 메타포이며, 동시에 해방의 무대다.

아서가 살인을 처음 저지른 장소는 지하철이다. 세 명의 남성이 광대 분장을 한 아서를 조롱하고 폭행하자, 그는 소지한 권총으로 그들을 쏜다. 총성이 울리기 전, 열차 안은 텅 빈 침묵과 형광등 불빛으로 가득 차 있다. 아서는 발을 떨고, 거칠게 숨을 쉰다. 그는 처음 두 사람을 본능적으로 쏘지만, 마지막 한 명은 도망가는 것을 쫓아가 무자

비하게 총격을 가한다. 이 장면 후, 아서는 도망쳐 공공 화장실에 들어가고, 거울 앞에서 천천히 몸을 풀며 춤을 춘다. 긴장에서 해방된 듯한 그 춤은 살인을 통한 자기 존재감의 실현을 의미한다. 조커는 이 순간 처음 '자기 자신'이 된다.

계층적 도시구조와 감정적 도시공간의 탄생

아서의 집은 낡고 엘리베이터가 자주 고장 나는 아파트다. 반면 토마스 웨인의 저택은 고담의 고지대에 위치해 있고, 철문과 경비가 둘러싸고 있다. 아서는 토마스 웨인과 어머니 페니플렉의 관계를 의심하며 저택을 찾아간다. 아이(브루스 웨인)에게 광대 분장을 한 채 마술을 보여 주지만, 집사가 그를 쫓아낸다. 이 장면은 고담이 명확히 '누구의 도시인지'를 드러낸다. 토마스 웨인은 도시를 지배하고 공간적으로도 구분된 장소에서 내려다보는 권력자의 상징이지만, 그는 도시에 배제된 자들의 집단 감정을 상징하며, 계층 간 단절을 폭력적으로 고발한다.

조커가 TV쇼 '라이브 위드 머레이 프랭클린'에 초대되어 마지막 총격을 벌이는 장면은 도시의 분노가 정점에 도달하는 순간이다. 그는 말한다.

"네에. 안 그런 척하는 것도 질렸어요, 코미디의 기준은 주관적이에요, 머레이. 안 그런가요? 다들 그렇게 얘기하잖아

요. 당신네들, 그 잘나신 시스템은 뭐가 옳고 그른지를 멋대로 결정하지. 마찬가지로, 뭐가 웃기고 뭐가 안 웃긴지도!"
"외톨이 정신병자를 조리돌림하면 어떻게 되는지 알아?! 내가 똑똑히 알려 줄게! 바로 뒈져도 싼 놈이 되는 거야!!!"

그리고 그는 총을 꺼내 머레이를 쏜다. 조커는 도시의 시스템도 인간의 판단기준도 결국 코미디의 기준이 되는 주관적으로 결정되고, 그 속에서 약자들은 범죄로 몰릴 수밖에 없다고 분노를 폭발한다.

이후 도시 전역은 폭동과 방화로 뒤덮인다. 조커는 경찰차에 실려 가며, 피투성이 얼굴로 창밖을 본다. 그리고 갑자기 미소를 띠며, 퍼포먼스를 하듯 피를 입가에 문지른다. 이는 그가 단순한 범인을 넘어 '도시 감정의 발화점'이 되었음을 의미한다. 폭도들이 경찰차를 들이받고 그를 구해 내자, 조커는 자동차 위에 올라서 군중의 환호를 받으며 피에 젖은 춤을 춘다. 이 장면은 도시와 빌런의 정서적 결합이 시각적으로 절정에 달한 순간이다.

'조커'는 도시 공간이 어떻게 한 인간의 광기와 맞물리며, 사회적 불안이 상징적 폭력으로 변환되는지를 탁월하게 보여 준다. 조커는 도시의 산물이며, 동시에 도시를 전복하는 예언자다. 고담은 단순한 배경이 아니라, 조커의 감정, 분노, 불안을 반영한 거울이다. 그의 존재는 도시가 억눌러 온 감정의 반동이며, 공간과 감정, 사회 구조의 삼중적 폭발이다.

그린 고블린과 뉴욕: 고층 사회의 분열

'스파이더맨'(2002, 샘 레이미 감독)은 도시를 배경으로 한 슈퍼히어로 영화의 상징적 시작점이다. 이 영화에서 대립 구도는 명확하다. 하층민 출신의 피터 파커(스파이더맨)와, 대기업 CEO인 노먼 오스본(그린 고블린)의 충돌이다. 하지만 그 대결은 단순한 선악 대립이 아닌, 도시 구조와 계급의 상징이기도 하다. 이 장에서는 그린 고블린이라는 인물이 도시 공간-특히 고층 빌딩과 산업 인프라-를 어떻게 점유하고, 뉴욕이라는 도시가 계층 분리의 물리적 상징으로 작동하는지를 분석한다.

하늘을 나는 빌런: 수직 공간의 독점

노먼 오스본은 고층 빌딩의 펜트하우스에 살며, 대기업 오스코프의 회장이자 실험 책임자다. 그는 공중을 나는 글라이더를 통해 도시의 하늘을 종횡무진 이동한다. 도시 공간 중 가장 높은 곳은 곧 권력의 상징이며, 오스본은 이 공간을 '조망의 권력'으로 활용한다. 그가 마천루 위에서 도시를 내려다보며 말한다.

"그들은 모두 우리 아래 있어."

이 대사는 도시를 물리적 계층화로 바라보는 그의 세계관을 단적으로 드러낸다.

영화 중반, 오스본은 고블린으로 변신해 시청사 앞에서 열린 축제를 습격한다. 그는 공중에서 내려와 폭탄을 던지고, 시청사 전면 유리를 산산조각 낸다. 이는 단순한 테러가 아니라, 도시 권력의 상징적 공간에 대한 공격이다. 그 장면에서 사람들은 혼란에 빠지고, 도시의 질서는 단숨에 붕괴된다. 도심 한복판이 공격의 무대가 됨으로써, '도시는 결코 안전하지 않다'는 불안한 감정이 시청자에게 각인된다.

철탑 위 전투: 도시 위에서 벌어지는 내면의 싸움

영화 후반, 스파이더맨과 그린 고블린은 도시 외곽의 철탑 위에서 결전을 벌인다. 조용한 밤, 황색 조명에 둘러싸인 철골 구조물 위에서 벌어지는 이 싸움은 도시의 상징적 절정에서 벌어지는 인간성의 대립이다. 고블린은 피터에게 말한다.

"우린 둘 다 특별해. 함께 세상을 지배할 수 있어."

이는 고층 공간을 차지한 자의 자기 정당화이며, 스스로를 도덕적 판단 너머의 존재로 자리매김하려는 시도다. 그러나 피터는 거절하고, 결국 고블린은 스스로 던진 글라이더에 찔려 죽는다. 고층 공간에서 시작된 그의 권력욕은 그 공간에서 종결된다.

고층 빌딩의 의미: 도시의 상징과 계급성

뉴욕은 세계에서 가장 대표적인 고층 도시다. 고층 빌딩은 자본의 축적, 통제력, 독점의 상징이며, 영화는 이를 그린 고블린을 통해 시각화한다. 그는 고층 공간을 전유하며, 도시 아래를 '지배의 시선'으로 바라본다. 그에 비해 스파이더맨은 고층과 지상을 넘나든다. 그는 뉴욕의 골목, 옥상, 지하철까지 다니며, 도시의 모든 계층을 횡단한다. 이는 도시 공간의 '포용성과 다양성'을 상징하며, 고블린의 독점과 대비된다.

그린 고블린은 도시 위계를 체현한 빌런이다. 그는 고층 공간을 독점하고, 권력을 시각적으로 과시하며, 도시 아래의 혼란을 유희처럼 감상한다. 그러나 영화는 그가 스스로 만든 무기와 구조 속에서 파멸된다는 아이러니를 남긴다. 도시는 단지 공간이 아니라, 계층화된 감정 구조이며, 고블린은 그 질서의 최상위에서 무너지는 상징적 존재다.

베인과 폐쇄된 고담: 혁명과 지배의 상징

도시공간의 통제와 심리적 봉쇄

'다크 나이트 라이즈'(2012, 크리스토퍼 놀란 감독)의 베인은 도시 공간 전체를 무대로 지배를 실현하는 빌런이다. 그는 단순히 혼란을 일으키는 자가 아니라, 고담이라는 도시를 봉쇄하고 그 질서를 완전히 재구성한다. 이 장에서는 베인이 어떻게 도시를 '점령'의 공간으로 만들고, 그것을 통해 어떤 사회적, 정치적 상징을 드러내는지를 분석한다.

영화 초반, 베인은 증권거래소를 공격하고 도시의 경제적 기능을 무력화한다. 그는 고담의 터널, 교량, 통신망을 차단하며, 도시 전체를 물리적으로 고립시킨다. 이는 단순한 범죄가 아니라, 도시의 구조를 해체하고 새로운 질서를 설계하는 행위다. 그는 "고담은 시민의 것이다!"라고 외치며, 자본과 권력의 상층부를 타도하는 혁명가를 자처한다. 하지만 이 '혁명'은 공포와 강압에 기반한 지배로 변질된다.

베인은 물리적 봉쇄 외에도 심리적 억압을 병행한다. 도시의 시민들은 공포에 의해 서로를 감시하고, 내부 질서가 자생적으로 무너진다. 이는 푸코가 말한 '내면화된 감시' 구조의 구현이다.

또한 법정은 즉결 재판장으로 변질되며, 권위와 정의는 파괴된다. 도시의 공공 공간은 군중 심리로 물들고, 광장은 혁명의 무대로 재편된다.

배트맨은 베인에게 패한 후, 고담 외부의 깊은 감옥에 수감된다. 이 감옥은 하늘이 뚫려 있지만, 탈출은 거의 불가능한 구조다. 그곳은 단순한 감금이 아닌, 절망을 유지하는 장소다.

"최고의 절망은 희망과 함께 주어지는 것이다."

베인의 대사는 이 감옥이 심리적 감옥이라는 점을 강조한다. 고담 역시 베인에게 점령된 이후, 탈출 불가능한 '감정적 감옥'으로 바뀐다.

베인의 도시, 통제된 자유의 역설

베인은 시민들에게 '해방'을 말하지만, 실제로는 스스로를 고담의 유일한 통치자로 군림시킨다. 그는 강자만이 질서를 바로잡을 수 있다는 냉소주의에 기반하며, 도시를 '공포를 통한 평등'으로 재편한다. 고담의 거리는 혁명으로 떠들썩하지만, 그 안은 더 철저한 통제로 잠식된다. 이는 '해방적 파시즘'이라는 역설을 드러낸다.

베인은 도시를 물리적, 심리적, 구조적으로 점령한 인물이다. 그는 공간을 해체하고 재배치하면서 고담을 새로운 정치 실험의 장으로 만들었다. 하지만 그 실험은 결국 '통제된 자유'라는 역설 속에서 무너진다. '다크 나이트 라이즈'는 도시가 어떻게 하나의 권력 극장이 될 수 있는지를, 그리고 빌런이 그 공간을 어떻게 통치할 수 있는지를 보여 준다.

킬몽거와 와칸다: 디아스포라의 도시비판

'블랙 팬서'(2018, 라이언 쿠글러 감독)는 가상의 아프리카 왕국 와칸다를 무대로 하면서, 고도로 발달된 기술문명과 전통적인 도시계획이 융합된 공간을 제시한다. 그러나 이 이상적인 도시국가에 도전하는 인물이 바로 킬몽거다. 그는 와칸다의 왕좌를 노리는 자이자, 디아스포라(이산된 아프리카계)의 정체성을 대변하는 빌런이다. 이 장에서는 킬몽거가 와칸다라는 도시를 어떻게 해석하고 점유하려 했는지, 그리고 그 도시의 경계성과 폐쇄성이 어떤 정치적 메시지를 담고 있는지를 분석한다.

오클랜드에서 와칸다로

킬몽거는 미국 오클랜드에서 태어나 자라난 인물로, 사회적 소외와 인종 차별 속에서 성장했다. 와칸다 출신이면서도 그 문명에 접근할 수 없었던 그는, 도시로서의 와칸다를 '자신이 배제당한 공간'으로 인식한다. 그는 아버지의 죽음을 계기로 와칸다를 증오하면서

도 동시에 그곳을 되찾으려 한다.

"세계를 바꾸기 위해, 너희가 가진 걸 쓰겠다."

그의 말은 도시 자원의 독점에 대한 저항이자, 세계적인 억압 구조에 대한 전복 선언이다.

와칸다는 기술적으로 진보했지만, 외부 세계와 단절된 폐쇄 도시다. 그들의 도시계획은 방어적이고, 외부인의 접근을 철저히 차단한다. 이는 식민주의와의 전쟁으로부터 자신을 지키기 위한 전략이지만, 동시에 '특권의 독점'이기도 하다. 킬몽거는 이 도시의 방어성을 '비겁함'으로 간주한다. 그는 도시를 열고, 와칸다의 무기와 자원을 전 세계 흑인 해방 운동에 사용하겠다고 말한다. 이는 와칸다의 도시 이념에 정면으로 도전하는 것이다.

왕궁 점령과 도시 상징의 전복

킬몽거는 전통 의식을 통해 정당하게 왕좌를 차지하고, 와칸다의 왕궁을 장악한다. 그는 조상의 세계에서 "그들은 우리를 버렸다"고 울분을 터뜨린다. 왕궁이라는 도시는 단순한 정치 권력의 중심이 아니라, 문화적 정체성과 기억의 저장소다. 킬몽거는 도시의 중심부를 점령함으로써, 와칸다의 역사를 다시 쓰려 한다. 이는 도시에 대한 공간적 반란이자, 문화적 리브랜딩 전략이다.

 킬몽거는 단순한 파괴자가 아니라, 도시 자원을 새롭게 재분배하려는 혁명가다. 그는 와칸다의 비브라늄을 세계 억압 민중에게 제공하려 한다. 그의 방식은 폭력적이지만, 도시 자원의 윤리적 사용에 대한 논쟁을 불러일으킨다.

"세계를 정복하는 게 아니라, 세상을 해방시키는 거다."

 이러한 그의 신념은 도시와 권력, 정체성, 해방의 상관관계를 새롭게 조명하게 한다.

 킬몽거는 와칸다라는 도시의 경계성과 폐쇄성에 도전함으로써, 도시를 단지 '공간'이 아닌 '정치적 상징'으로 확장했다. 그는 억압받는 자들의 도시를 만들려 했고, 그 시도는 실패했지만, 와칸다에게 변화의 계기를 남겼다. '블랙 팬서'는 도시를 둘러싼 정체성 투쟁의 무대이자, 빌런을 통해 윤리적 질문을 제기한다.

'아키라'의 네오도쿄: 디스토피아의 도시철학

'아키라'(1988, 오토모 카츠히로 감독)는 핵전쟁 이후 재건된 가상의 도시 '네오도쿄'를 배경으로, 청소년 반란, 초능력 실험, 정치적 음모가 얽힌 디스토피아 서사를 전개한다. 아카노 토모(이하 아키라)는 인간의 통제를 벗어난 절대적 존재이자, 도시를 다시 파괴하는 상징적 존재로 등장한다. 이 장에서는 네오도쿄라는 미래 도시가 왜 파괴되어야 했는지, 아키라의 존재가 도시 철학과 어떤 상관관계를 맺는지, 그리고 이 공간이 현대 도시의 잠재된 폭력을 어떻게 투영하는지를 분석한다.

재건 도시의 허상: 네오도쿄의 위선적 질서

네오도쿄는 고도로 발전된 기술 문명을 자랑하지만, 동시에 사회적 불평등, 군사주의, 청년 실업, 정치 부패로 가득한 도시다. 외형은 미래도시이지만, 그 안은 '폭발 직전의 현실'이다.

도시는 표면적으로는 안정되어 보이지만, 거리에는 폭주족과 실험 실패로 인한 괴물들이 넘쳐나며, 군대와 정부는 이들을 은폐하기에 급급하다. 이는 오늘날 메가시티가 지닌 내면의 위기 구조를 은유한다.

우선, 네오도쿄는 도시의 붕괴와 재건의 순환 구조를 보여 준다. 과거 대폭발로 인해 도쿄가 파괴된 뒤, 새로운 '네오' 도시가 건설되지만, 그 속에는 계층 간의 격차, 슬럼화, 정치적 혼란이 심화되어 있다. 이러한 모습은 실제 현실의 도시들에서도 찾아볼 수 있다. 젠트리피케이션과 재개발, 재난 이후의 도시 복원 등은 도시를 표면적으로는 깨끗하게 바꾸지만, 그 이면에는 공동체의 해체와 비가시적 폭력이 축적된다. 이는 개발이라는 이름으로 기억과 공동체를 지우는 도시적 폭력과 다르지 않다.

또한 네오도쿄는 감시와 규율의 도시다. 시민들은 군부와 과학기술 엘리트에 의해 통제되고, 도시 곳곳은 감시 시스템으로 둘러싸여 있다. 이는 푸코가 말한 생체정치학의 구현이며, 인간의 삶을 관리하고 최적화하려는 권력이 도시를 통해 구현된 형태다. 오늘날 스마트시티, 빅데이터 기반의 도시관리 시스템 역시 인간을 하나의 통제 가능한 단위로 변환하는 작업이며, 네오도쿄와 다를 바 없다. 특히 도시 속에서 정신질환자, 노숙인, 이주민 등은 배제되거나 '보이지 않는 존재'로 전락하며, 도시의 정상성을 유지하기 위해 주변부로 밀려난다.

영화 속 폭력의 일상화 역시 현대 도시와 겹친다. 네오도쿄의 폭주족, 시위, 테러, 군사적 진압은 폭력이 더 이상 예외적인 사건이 아닌 도시 일상에 내재된 통치 방식임을 보여 준다. 이는 오늘날 도심 곳곳에서 벌어지는 경찰 폭력, 시위 진압, 감시와 검열을 떠올리게 한다. 폭력은 점점 더 비가시화되고, "질서 유지"라는 말로 정당화되며 도시의 구조에 스며든다.

무엇보다도, 네오도쿄는 도시의 병리적 신체화를 보여 주는 공간이다. 주인공 테츠오의 변이는 생체실험과 권력 개입에 의해 초래된 결과이며, 그의 몸은 도시의 무의식적 욕망이 폭발한 상징이다. 그가 괴물처럼 부풀고 파열되는 장면은 도시 그 자체가 생명처럼 병들고 뒤틀리고 붕괴되는 과정으로 읽힌다. 현대 도시는 점점 더 효율적이고 합리적인 시스템을 구축하지만, 그 속에서 인간은 기계의 부품으로 전락하고, 고립과 소외, 정신적 붕괴는 증가한다. 이는 도시가 인간을 위한 공간이라기보다는, 인간을 기능적으로 조직하는 장치가 되었음을 암시한다.

결국 네오도쿄는 상상의 도시가 아니라, 오늘날 도시가 도달하고 있는 파국적 디스토피아의 극단이다. 그 도시는 폭력, 감시, 억압, 통제, 병리를 숨기지 않고 드러내며, 오늘의 현실이 얼마나 그곳에 가까워지고 있는지를 경고한다. 그렇기에 '아키라'는 단순한 사이버펑크물이 아니라, 도시의 근원적 폭력성과 그 병리적 정체성에 대한 강렬한 비판으로 읽혀야 한다.

'아키라' 포스터에 담긴 도시와 인간의 상징적 대치

애니메이션 영화 '아키라'(1988)는 작품 자체만큼이나 포스터 이미지로도 깊은 인상을 남긴다. 대표 포스터는 도시적 배경 위에 주인공 '카네다'가 등을 보이며 걸어가고, 그 앞에는 상징적인 붉은 오토바이가 놓여 있는 장면을 담고 있다. 간결한 구도지만, 이 장면은 단지 등장인물을 묘사하는 것을 넘어서, 인간과 도시, 기술과 폭력, 주체와 운명 사이의 복잡한 관계를 은유적으로 시각화한다.

우선 포스터에서 카네다는 등 뒤를 보인 채 정면을 향해 걸어간다. 그의 표정은 보이지 않고, 관객은 그의 시선을 따라 도시 혹은 사건의 중심을 바라보게 된다. 이 뒷모습은 도시와의 대면을 앞둔 주체의 고독을 상징한다. 그는 무언가를 향해 나아가고 있지만, 그것이 어디인지, 무엇인지, 혹은 왜 걸어가는지는 명확히 드러나지 않는다. 이는 곧, 자신의 위치와 방향을 스스로 확인해야 하는 현대 도시인의 불안정한 주체성을 반영한다. 도시는 거대하고 압도적이며, 그 안에서 인간은 작고 외로운 존재다.

그 앞에 놓인 붉은 오토바이는 이 포스터에서 가장 강렬한 상징이다. 카네다가 타고 다니는 이 오토바이는 단순한 탈것이 아니다. 그것은 인간의 기술적 욕망, 속도의 쾌락, 파괴의 가능성을 모두 담고 있는 존재다. 오토바이는 그에게 힘을 주고 자유를 제공하는 동시에, 무질서와 폭력의 상징이기도 하다. 특히 붉은색은 열정과 생명력을 상징하면서도 동시에 위험, 피, 파괴를 내포한다. 기술은 인간의 몸을 확장하는 도구이지만, 그것이 감당할 수 없는 수준에 이르면 곧 파국을 초래할 수 있음을 이 오토바이는 암시한다. 이처럼 '아키라'의 세계에서 기술은 중립적인 존재가 아니라, 통제되지 않은 욕망의 연장이다.

배경으로 보이는 네오도쿄는 인공적 질서와 과잉 개발의 상징이다. 겉보기에는 정교하게 건설된 도시이지만, 그 이면에는 슬럼화, 억압, 폭력, 기억의 지워짐이 존재한다. 이 도시는 단지 사람들이 사는 물리적 공간이 아니라, 정치적·사회적 구조의 결정체이며, 개인을 감시하고 통제하는 거대한 기계장치처럼 작동한다. 도시는 냉정하게 침묵하고 있지만, 그 안에서는 거대한 혼돈이 꿈틀거린다. 이는 현대 도시가 표면적으로는 질서와 안전을 말하면서, 그 구조 속에서 소외와 병리, 폭력과 무력감을 생산해 내는 모습을 떠올리게 한다.

인간은 기술과 도시의 진보를 통해 힘을 얻었지만, 그 진보는 통제되지 않은 욕망으로 변질되어 인간을 위협하고 있다. 카네다는 이 도시와 기술, 운명의 교차로 앞에 서 있는 현대인의 자화상이자, 그로부터 벗어나려는 저항적 주체다.

테츠오와 도시 경계의 붕괴

또 다른 핵심 인물 테츠오는 애초에 도쿄의 주변부, 즉 도시의 하층민적 위치에서 출발한 인물이다. 그는 시설 출신이며, 폭주족 일원으로서 네오도쿄의 중심부가 아니라 사회 구조의 하단에 위치한다. 그는 항상 리더인 카네다에게 주체성을 침식당하고, 자신이 주변인에 불과하다는 열등감 속에서 살아간다. 따라서 그의 욕망은 단순히 힘을 얻는 것이 아니라, 사회 중심부로 진입하려는 강렬한 욕망, 즉 도시 내부로의 통합을 향한 충동과 결합되어 있다.

푸코식으로 말하자면, 테츠오는 '비정상'으로 간주된 존재이자, 도시 권력 구조로부터 배제된 주체이며, 그 배제에 저항하려는 과잉 주체화의 과정에서 파국을 향한다. 이 지점에서 그는 도시의 경계를 무너뜨리는 자이자, 동시에 그 경계와 완전히 합쳐지려는 자가 된다.

실험을 통해 초능력을 각성한 후, 도심 중심부를 무력화하며 '도시의 경계'를 넘는다. 그의 신체는 변이되고 확장되며, 도시 그 자체와 물리적으로 결합한다. 테츠오가 초능력을 획득한 이후 벌어지는 일련의 변형 과정은, 단순히 신체적 괴물화가 아니라, 도시 경계 자체의 해체와 맞닿아 있다. 그의 몸은 더 이상 개별적 신체가 아니며, 끊임없이 부풀고 변형되고 기계적 요소와 융합되면서 도시 그 자체의 일부가 되어 간다. 이러한 장면은 현대 도시가 인간을 삼키고, 인간의 욕망이 도시 기계와 융합되는 과정을 극적으로 상징한다. 도시와 권력은 인간 외부에 있는 것이 아니라, 인간의 몸 내부로 파고든다. 테츠오는 이에 저항하지 않고 오히려 그 경계를 넘어서려는 욕망에 자신을 내맡긴다.

'아키라'는 도시 공간이 가진 본질적 질문-누가 도시를 설계하고, 누구를 위해 존재하는가에 답을 요구한다. 정부와 군은 도시를 통제하고자 하지만, 아키라와 테츠오는 그 경계 밖에서 도시를 다시 쓴다.

네오도쿄는 '한 번 파괴되어야만 새롭게 태어나는 도시'라는 아이러니를 품고 있다. '아키라'는 도시를 기술, 통제, 정치의 산물이 아니라, 인간 욕망과 변칙성이 얽힌 존재로 재해석하며, 디스토피아 도시 철학의 정수를 보여 준다.

더 배트맨 vs 다크 나이트: 빌런의 도시공간전략

 빌런은 단순히 도시를 파괴하는 존재가 아니다. 그들은 도시를 분석하고 활용하며, 기존 권력의 통제 너머에서 새로운 공간 전략을 실행한다. 이 장에서는 빌런들이 선택하는 도시의 장소, 이동 경로, 거점의 유형 등을 분석하고, 이를 통해 도시의 보이지 않는 지도를 다시 그려 활용한다. 빌런은 도시의 '비정상적' 공간을 전략적으로 점유함으로써 도시의 질서와 통제에 균열을 낸다. 그들은 보통 사람들은 무시하는 공간 속에서 은신하고, 권력자들은 간과한 경계 공간을 통해 도시를 장악해 나간다.

공간의 전략가로서의 빌런

 현대 서사 속의 빌런은 종종 단순한 파괴자나 반사회적 인격장애자로 해석되곤 한다. 하지만 이런 이해는 종종 그들의 행위가 지닌 구조적 정교함, 도시적 맥락, 공간에 대한 감각을 간과한다. 빌런은 단지 혼란을 야기하는 것이 아니라, 기존의 공간 질서를 재편하고,

권력이 작동하는 방식을 교란하며, 새로운 정치적 메시지를 공간을 통해 각인시키는 전략가로 기능한다.

우선, 도시란 단순한 물리적 공간이 아니라 권력, 규율, 이동, 소통, 분리, 감시가 작동하는 권력의 구조물이다. 푸코가 말했듯, 근대의 권력은 공간을 배치하고 인간을 위치시킴으로써 효과를 발휘한다. 이 점에서, 빌런은 그 권력의 구조를 정밀히 분석하고, 그 균열과 취약점을 지점별로 파악해 공격하는 존재다. 그들의 타깃은 늘 우연이 아니라, 도시에서 권력이 집중된 장소, 사람들의 기억과 정체성이 응축된 공간, 혹은 통제를 위한 핵심 인프라다.

빌런은 이 공간들을 이용해 권력을 교란하고 새로운 질서를 제안하거나 암시한다. 예컨대 '다크 나이트'에서 조커는 병원을 폭파하고, 다리를 끊으며, 감시망을 조롱한다. 이는 단지 폭력이 아니라, 공간이 만들어 내는 질서의 부조리함을 역으로 활용하는 전략이다. 그가 공간을 해체하는 방식은 도시라는 시스템의 허구성을 드러내는 정치적 행위이다. 마찬가지로 '인셉션'에서 인셉터들은 꿈속에서 공간을 사전에 설계하고 조작함으로써 타인의 무의식을 통제한다. 여기서 공간은 의식을 지배하는 무기를 넘어선 권력 자체다.

빌런은 종종 "불안정한 공간"을 생산해 낸다. 이 공간은 과도기적이고 경계적이며, 기존 권력이 침투하지 못하는 영역이다. 예컨대, 버려진 지하철역, 폐허가 된 산업지대, 고층 빌딩의 옥상 등은 이들에게 기존 질서의 바깥이자 새로운 규칙이 작동할 수 있는 공간적 실험장이 된다. 빌런은 이들 공간을 통해 자신만의 규칙을 만들고, 국가나 도시가 구축해 온 통제 시스템에 균열을 낸다. 즉, 빌런은 질서를 거부하는 자가 아니라, 기존 질서의 약점을 파악하고 새로운 공간적 질서를 잠정적으로 구축하는 자다.

이처럼 빌런은 공간을 읽고, 공간을 해석하며, 공간을 재설정하는 전략가다. 도시의 흐름, 권력의 축, 감시의 범위, 일상의 반복성을 꿰뚫어 보며, 그 틈을 공략한다. 그들은 '어디를 공격할 것인가'라는 질문을 넘어, '어디를 변화시켜야 메시지가 전달되는가', '어디를 장악하면 도시는 마비되는가', '어디를 점거해야 인간이 두려움을 느끼는가'라는 훨씬 더 정교한 질문을 던진다.

결국 빌런을 단순한 반사회적 존재로 환원하는 시각은, 이들이 수행하는 공간 정치학적 행위, 즉 공간을 수단이 아니라 메시지로 활용하는 방식을 간과하는 결과를 낳는다. 빌런은 기존 권력이 도시 공간을 통해 안정성을 생산해 내는 방식에 반기를 들며, 그와 다른 방식으로 공간을 전유하려 한다. 그들의 행위는 비록 파괴적으로 보일 수 있지만, 사실은 기존 권력 구조의 맹점과 균열을 가시화하는 '공간적 비판'이며, 때로는 체제 내에 갇힌 시민들에게 기억되지 않던 장소, 금지되던 공간, 가능성의 공간을 다시 열어 주는 행위이기도 하다.

공간전략가로서의 조커와 리들러

'다크 나이트'(2008)의 조커와 '더 배트맨'(2022)의 리들러는 각기 다른 시대적 배경과 미학을 지닌 빌런이지만, 공통적으로 도시를 단순한 배경이 아닌, 능동적 매개체로 활용하는 공간 전략가로서 작동한다. 이들은 공간을 단순히 점령하거나 파괴하는 것이 아니라, 기존의 공간 질서와 윤리 구조를 전복하고, 그 위에 새로운 질서 또는 질문을 던지는 방식으로 활용한다. 두 인물 모두 도시의 권력 구조, 시스템, 감정의 흐름을 면밀히 분석한 뒤, 공간을 통해 자신의 메시지를 극대화한다.

'다크 나이트'의 조커는 공간을 도덕적 질서를 시험하는 무대로 전환한다. 그의 전략은 물리적 파괴에 있지 않다. 오히려 그는 도시 시스템 내부의 논리-질서, 규범, 윤리-를 그대로 이용하면서 그것을 비틀고 조롱한다. 조커는 경찰서 안에서 오히려 수사 주도권을 쥐고 있고, 병원을 폭파할 때조차 생명과 돌봄의 공간을 죽음과 공포의 무대로 뒤바꾼다.

그의 공간 전략의 정점은 "페리 폭탄 실험"이다. 두 척의 배에 시민과 죄수를 각각 태운 뒤, 서로를 폭파할 수 있는 기회를 부여함으로써 윤리적 딜레마를 공간적 배치로 실현한다. 조커는 이처럼 공간 안에 인간의 선택과 감정을 구조화하여 사회 전체가 유지하는 '정상성'의 허약함을 폭로한다.

조커는 도시를 폭력적으로 부수는 것이 아니라, 도시가 믿고 있는 규칙과 구조를 도시 자체의 공간을 통해 무너뜨린다. 도시를 자신의 철학(혼돈)의 실험장으로 전환하는 이 방식은 조커를 질서 없는 공간을 설계하는 반윤리적 도시계획자로 만든다.

'더 배트맨'의 리들러는 조커와는 반대로 질서를 전복하기보다 부패한 질서를 고발하고, 새로운 정의를 정립하려는 방식으로 공간을 설계한다. 리들러는 고담의 고위층 인사들을 순차적으로 제거하는 과정에서 범죄의 구조적 뿌리가 어떻게 도시공간 곳곳에 은폐되어 있는지 폭로한다. 그의 공격 대상은 교회, 법정, 시청, 고담 가든과 같은 제도권 권력과 공공공간이며, 이를 통해 도시가 가진 위선과 기만의 구조를 시민들에게 가시화하고자 한다.

그의 공간 전략의 핵심은 도시 침수 계획이다. 고담의 제방을 터뜨리고 물리적 공간을 마비시킴으로써, 사람들을 고담 스퀘어 가든이라는 하나의 공간에 몰아넣는다. 이곳은 원래 시민의 축제 공간이지만, 리들러는 그곳을 심판과 숙청의 공간으로 재해석한다. 이 전략은 단순한 테러가 아니라, 도시의 구조적 불평등과 무능한 지도층을 한 곳으로 모아 시민과 함께 비판하도록 유도하는 공간적 시연이다.

리들러에게 공간은 비정상성의 은신처가 아니라, 진실을 드러내고 정의를 회복할 수 있는 구조적 기제다. 그는 도시라는 텍스트의 은폐된 구절들을 찾아내어 시민들이 그것을 읽게 만드는 도시의 폭로자이자 구조 해체자다.

두 빌런 모두 단순히 도시를 파괴하거나 장악하려는 일차원적인 범죄자가 아니라, 도시의 의미체계 작용 자체를 바꾸려는 전략가다. 조커는 도시의 윤리 시스템과 정상성의 허구를 드러내기 위해 공간을 조작하고, 리들러는 도시 권력의 부패를 고발하고 새로운 질서를 강요하기 위해 공간을 폭로하고 재구성한다. 조커와 리들러는 공간을 언어로 삼아 도시와 대화하는 빌런들이다. 이들의 전략은 단순히 도시를 무너뜨리는 것이 아니라, 도시가 감추고 있는 권력의 진실을 공간을 통해 드러내고, 재배치하고, 재정의하는 정치적 시도다. 이러한 점에서 이들은 가장 탁월한 공간전략가형 빌런이라 할 수 있다.

VILLAIN'S

URBANISM

6부

빌런의 도시, 관용과 창조의 도시

○

기존 도시계획에서 도외시한 원래 도시민들, 경계부의 사람들, 자본에 의해 밀려난 빈자들을 위한 새로운 시도를 희망한다. 관용성 있는 도시계획, 기억의 보존 전략, 경계부의 다양성, 이 세 가지는 기능적 도시계획의 보완제가 아니라, 미래 도시계획의 대안적 패러다임이다.

○

도시의 역사는 결국 '함께 살아가는 법'을 실험해 온 역사였다. 계획도시, 신도시, 이상도시의 개념이 반복되며 도시를 쾌적하고 효율적인 삶의 장으로 만들고자 했지만, 우리는 수많은 도시의 흥망 속에서 하나의 진실을 마주하게 된다. 도시는 질서와 통제만으로 살아남지 않는다. 도시를 살리는 진짜 힘은 바로 다양성과 관용, 그리고 경계에서 살아가는 이질적인 존재들의 공존에서 나온다.

도시의 진짜 빌런은 누구인가

 도시는 언제나 계획의 대상이었다. 수치와 도면, 마스터플랜, 교통과 기능, 밀도와 용적률 등의 정량화된 데이터로 도시를 설명할 수 있다. 그러나 이 모든 논리 뒤에는 도시에 '사는' 사람들, 그들의 기억, 감정, 경계에서 형성되는 수치로 표현할 수 없는 복합적 삶이 숨겨져 있었다.
 『빌런의 도시학』에서는 그 틈을 들여다본다. 이 책은 도시를 구성하는 데 있어 무시되어 온 감정적 층위와 기억의 흔적, 제도에 의해 주변화된 공간들을 되짚었다. 도시란 단순한 기능적 구조물이 아니라, 오히려 그 기능이 균열나는 지점에서 비로소 도시의 정체성을 발견할 수 있다. 영화 속 빌런이라는 존재는 그 경계를 자주 넘나드는 인물이며, 도시의 어둠, 버려진 공간, 제도 바깥의 장소에서 자신의 존재를 드러낸다. 고담의 조커, 네오도쿄의 아키라, 런던의 실바는 모두 빌런이지만, 그들은 도시가 외면한 공간을 재조명하며 도시의 진정한 정체성을 드러낸다.
 이 책이 말하는 도시는 질서와 혼돈, 획일성과 다양성, 기억과 망

각, 중심과 경계가 충돌하고 공존하는 장이다. 빌런은 그중 '경계'에 서 있는 자다. 그들이 선 자리는 불법적이고 때로는 파괴적인 공간처럼 보이지만, 동시에 새로운 가능성의 기폭제가 된다. 이들이 점거한 공간은 사회의 균열을 드러내는 '틈'이며, 기존 도시계획이라는 통제에서 벗어난 감정의 잔해이자 기억의 잉여이다. 이것이야말로 도시가 회복해야 할 감각이다.

이제 질문해야 한다. 도시의 진짜 '빌런'은 누구인가?

우리는 흔히 도시의 범죄자나 이질적인 외부자를 빌런으로 상상한다. 그러나 도시의 현실은 다르다. 진짜 빌런은 오히려 내부에 있다. 획일화된 마스터플랜을 반복하는 도시계획가, 자산 증식만을 좇는 투기 자본, 임대주택 거주자를 배제하는 이웃, 공공적 공간을 사적 감정으로 점유하는 맘카페 커뮤니티. 이들은 제도의 틀 안에서 도시의 감정적 결을 획일화하고, 경계적 존재를 고립시키며, 도시를 자산화된 기계장치로 인식시킨다.

특히, 승자가 만든 신도시는 기존의 흔적을 말소해 버려 너무나 '말끔하다'. 그래서 '기억의 흔적'이 없고 공간에 대한 애착이 없다. 감정이 제거되고, 기억이 삭제되며, 다양성이 조용히 소거되는 그 순간, 도시의 내러티브는 사라지고 만다. 도시란 원래부터 균일한 것이 아니며, 도시계획은 필연적으로 '예외'를 내포해야 한다. 예외를 받아들이는 공간이야말로 진짜 도시다. 그러한 도시가 회복되기 위해서는 계획의 손길이 미치지 않는 '경계의 실험'이 필요하다.

빌런의 도시학은 기존 도시계획에서 도외시한 원래 도시민들, 경계부의 사람들, 자본에 의해 밀려난 빈자들을 위한 새로운 시도를 희망한다. 관용성 있는 도시계획, 기억의 보존 전략, 경계부의 다양성, 이 세 가지는 기능적 도시계획의 보완제가 아니라, 미래 도시계획의 대안적 패러다임이다. 이제 도시계획은 정량적 분석을 넘어서, 공존, 회복, 서사성이라는 키워드와 함께 감정의 공간전략을 도입해야 한다.

이제 도시를 다시 읽어야 할 때다. 빌런을 허용하는 공간, 감정이 남긴 흔적, 기억이 머무는 장소. 그곳에서 새로운 도시의 서사가 시작된다.

도시는 언제나 승자의 무대였고, 동시에 빌런의 은신처였다. 전통적 도시계획은 '쾌적하고 계획된 공간'을 이상으로 삼으며, 질서·안전·균질성을 추구해 왔다. 빌런을 두려워하고 중심에서 밀어냈다. 폭발적 인구 증가와 낙후된 기반시설을 획기적으로 해결한 근대적 도시계획은 승자들의 유효한 도시모델이었다. 하지만, 여기에 빌런을 위한 도시계획은 없다. 밀려난 빌런들은 다시 경계부를 찾아 그들만의 회복력으로 다시 공간을 창출하고 삶을 이어간다. 과연 누가 도시의 진짜 빌런인가.

빌런의 도시학 관점에서의 현대도시

현대의 도시는 더 이상 다양성과 자율성, 우발성을 품은 공간이 아니다. 오히려 그 반대다. 기획된 아파트 단지, 복제된 상업지구, 일률적인 보도블록과 조경은 도시를 획일적 공간의 매트릭스로 바꾸었다. 효율성과 경제성, 속도 중심의 도시 시스템은 인간의 삶을 서서히 기계화하고 획일화하고 있다.

도시화율 92%, 수도권 집중률 세계 1위. 대한민국은 세계에서 가장 빠르고 극단적인 방식으로 도시화에 성공한 나라다. 하지만 그 성공의 이면에 배타적 삶의 방식과 정서적 회복력의 관점에서는 물음표를 제기한다. 도시 속 인간은 더 이상 감정을 나누지 않으며, 타인의 고통에 반응하지 않는 '도시적 소외'의 상태에 갇혀 있다.

실제로 한국은 경쟁 강도 1위, 출산율 세계 최저, 자살률 OECD 1위라는 통계를 기록하고 있다. 이 수치들은 단지 사회적 실패를 의미하는 것이 아니라, 도시가 더 이상 공동체를 지탱하는 데 한계에 다다랐다는 징후다. 표면적으로는 잘 포장된 도시지만, 그 안에서 살아가는 사람들은 더 외롭고, 더 불안하며, 더 고립되어 있다.

이러한 현실은 '빌런의 도시학'이 주목하는 지점이기도 하다. 승자들이 만든 도시, 즉 효율성과 규율 중심의 도시계획은 '빌런'이라 불린 존재들을 도시에서 몰아냈다. 그러나 그 배타성은 곧 삶의 예외성을 제거하는 의도적 질서의 산물이었고, 결국은 도시민 전체를 '내면화된 빌런'으로 만들어 버리는 사회 구조로 귀결되었다.

 사람들은 더 이상 법을 어기지 않아도, 사회의 가장자리로 밀려나지 않아도 심리적·감정적으로 빌런화되고 있다. 타인의 실패에 무감하고, 생존을 위해 끊임없이 경쟁하며, 공동체보다 스펙과 소비, 경제적 가치를 우선하는 정서적 비정상이 사회적 정상으로 오인되는 상태—그것이 오늘날 우리가 살아가는 도시의 실상이다.

'빌런'은 더 이상 도시 외곽에 숨어 있는 존재가 아닌게 되어버렸다. 오히려 우리는 모두 도시가 만든 구조 속에서 감정을 억누르고, 타인을 밀어내며, 자기 자신조차 소외시켜야만 살아남는, '사회화된 빌런'으로 살아가고 있다.

다양성과 경계에서 피어나는 가능성

 도시는 언제나 '다양성'과 '경계성'이 풍부한 공간이었다. 다수의 사람들이 서로 다른 배경, 문화, 계급, 언어, 생애주기를 가지고 뒤엉켜 살아가는 도시에서는, 불가피하게 마찰과 충돌이 발생한다. 우리는 오랫동안 이러한 경계를 분리하고, 마찰을 최소화하며, 도시를 '안정된 질서'로 관리하고자 애써왔다. 도시계획의 언어는 구획, 분리, 정돈, 효율, 통제라는 말들로 가득했다.

 하지만 도시가 진정으로 살아 숨 쉬기 위해 필요한 것은, 균질성과 일관성이 아니라, 차이와 경계, 그리고 그 사이에서 생겨나는 창조적 긴장감이다. 다양성은 단지 여러 요소가 나열된 상태가 아니라, 서로 이질적인 것들이 충돌하고 협상하며 새로운 가능성을 열어 가는 역동적인 과정이다. 경계는 배제의 선이 아니라, 상호작용의 지점이다.

도시의 경계에서 피어나는 가능성은 실제로 수많은 사례에서 관찰된다. 예컨대, 이주민과 원주민의 삶이 겹쳐지는 서울의 구로·영등포, 성남의 이주민 거리, 또는 바르셀로나의 고딕지구 주변처럼, 언뜻 보면 충돌의 여지가 많은 공간이지만, 그 안에서는 언어, 음식, 의례, 노동이 뒤섞이며 전혀 새로운 도시문화가 생성되고 있다. 갈등이 존재하는 동시에, 공존과 적응, 심지어 상호 모방과 연대가 함께 진행되는 공간이다.

도시계획이 지향해야 할 것은 모든 차이를 흡수하고 통합하는 거대한 질서가 아니다. 오히려 서로 다른 집단과 서사가 자기 목소리로 존재할 수 있도록 허용하는 느슨한 구조, 그리고 이질적인 것들이 만나는 순간을 충돌이 아닌 협상의 과정으로 열어 두는 개방된 도시이다.

이는 곧 '경계'를 어떻게 바라보느냐의 문제이기도 하다. 경계는 물리적 분할선이 아니라, 상호작용의 무대이며, 다양한 존재들이 자신의 존재 조건을 협상하고 재구성하는 실험실이다. 도시의 미래는 단순히 무경계적 통합이 아니라, 복수의 차이들이 자율성과 안전성을 보장받은 채 공존할 수 있는 구조를 마련하는 데 있다.

다양성은 불편할 수 있다. 경계는 예측 불가능성을 동반한다. 그러나 바로 그렇기 때문에 도시는 역동적이며, 살아 있다. 결국, 우리가 지향해야 할 도시는 다양성의 긴장을 통제하는 도시가 아니라, 그 긴장을 감당할 수 있는 용기와 유연성을 가진 도시이다. 그런 도시는 급변하는 세상에서 새로운 가능성이 열린 지속 가능한 도시가 될 것이다.

도시의 '퇴폐적 매혹'은 어떻게 자산이 되는가?

도시에는 빛이 있고 그림자가 있다. 우리는 오랫동안 도시의 밝은 면만을 바라보며 명품도시를 추구해 왔다. 쾌적함, 안전, 계획성, 청결함, 고급스러움이 그러했다. 그러나 도시의 '퇴폐적 매혹'-그 어둡고 불완전하며 경계에 선 공간들-은 오히려 창조적 도시 전략의 가장 강력한 자산이 될 수 있다.

퇴락한 골목, 공동화된 공장지대, 과거의 범죄 장소, 이질적인 문화가 겹쳐진 경계 지역. 이들은 모두 기억의 층을 쌓고, 금기와 상상을 자극하며, 새로운 도시서사를 만들어 낼 잠재력을 가지고 있다. 도시의 퇴폐적 공간은 단지 과거의 잔재가 아니라, 감정적 경험이 응축된 서사적 자산(Narrative Capital)이다.

한때 혐오받고 외면받던 장소였지만, 지금은 도시 정체성의 핵심 브랜드가 되기도 한다. 이들은 '불완전함'이 가진 예술성, 기억의 중첩, 제도 밖의 상상력을 흡수하면서 새로운 도시경제의 중심이 되었다.

퇴폐는 결핍이 아니다. 그것은 금기의 미학이며, 경계의 상상력이며, 감정의 여백이다. 이러한 여백을 어떻게 설계하고 포용할 수 있는가가 바로 미래 도시의 브랜드 정체성을 좌우하게 될 것이다. 퇴폐적 매혹을 존중하는 도시야말로 진정한 다양성과 기억, 감정의 도시이며, 이질성과 동반성장의 도시다.

결국, 도시의 퇴폐적 매혹은 상품이 아니라 스토리다. 그리고 이 스토리는, 도시가 다시 살아 숨 쉬는 순간의 출발점이다. '빌런의 도시학'은 그러한 퇴폐와 이질성이 도시의 문제점이 아니라 자산으로 기능할 수 있도록 긍정적으로 승화되길 기대한다. 빌런의 도시학은 '기억을 지우는 도시'에서 '기억을 품고 가는 도시'로의 전환을 지지한다. 도시가 퇴락과 소외를 제거해야 할 결함이 아닌, 문화적 층위로 끌어안는 순간, 도시는 스스로를 갱신하는 능력을 갖게 된다.

관용의 도시로 변화해야

승자의 도시가 도시계획의 이상을 구현한다면, 빌런의 도시는 도시공간의 경험과 감정을 현실에 반영하고 도시가 가진 잠재력과 정체성을 발굴한다. 이 두 도시는 서로를 거부하는 것이 아니라, 긴장 속에서 공존하며 도시의 복합성과 다층성을 구성한다. 오늘날 도시는 더 이상 '하나의 이야기'로 설명될 수 없다. 도시는 다양한 정체성과 감정, 기억과 권력이 얽힌 무대이며, 이 무대 위에서 우리는 빌런도, 영웅도 될 수 있다.

빌런이 도시를 점령한다는 것은 곧 사회가 축적해 온 긍정적 부정적 경험으로 도시를 재해석하고, 의도하지 않은 방식으로 도시 공간의 상징과 성질이 바뀔 수 있다는 것을 받아들이는 것이다. 이것이 관용성이 높은 도시이며, 도시의 살아 있는 생태계이자, 창조의 에너지다.

도시의 역사는 결국 '함께 살아가는 법'을 실험해 온 역사였다. 계획도시, 신도시, 이상도시의 개념이 반복되며 도시를 쾌적하고 효율적인 삶의 장으로 만들고자 했지만, 우리는 수많은 도시의 흥망 속에서 하나의 진실을 마주하게 된다. 도시는 질서와 통제만으로 살아남지 않는다. 도시를 살리는 진짜 힘은 바로 다양성과 관용, 그리고 경계에서 살아가는 이질적인 존재들의 공존에서 나온다.

『빌런의 도시학』은 도시의 그늘 속에 있었던 존재들, 이른바 "빌런"이라 불렸던 사람들의 공간 전략과 심리적 기표를 통해 도시의 숨겨진 층위를 복원하고자 했다. 그들은 불편한 존재였고, 도시의 질서를 위협하는 존재로, 때로는 타자화되어 상품화되기도 했지만, 사실 도시를 가장 도시답게 만든 것은 그들이 품은 다양성과 감정, 저항과 기억이며, 우리 안에 내재되어 있는 속성이다.

관용(Tolerance)은 도시가 다양성과 창조성을 수용하는 가장 기초적인 정치적 감수성이다. 이는 단순히 서로 다름을 허용하는 차원을 넘어서, 서로 이질적인 존재들이 함께 공간을 구성하고 새로운 서사를 만들어 가는 적극적 창조의 태도다. 관용은 도시의 불균질성과 예측 불가능성을 자산으로 바꾸는 힘이며, 계획에 없는 것을 가능케 하는 힘이다.

성공한 도시의 공통점은 "관용의 공간"을 어떻게 설계하고 수용해 왔는가에 있다. 뉴욕의 로어이스트사이드, 베를린의 크로이츠베르크, 바르셀로나의 포블레노우는 모두 과거에는 위험하고 혼란스러운 경계였으나, 현재는 도시의 정체성을 구성하는 핵심이 되었다. 서울의 을지로, 부산의 초량, 양양의 서피비치 역시 윤리적 경계와 기존 주민과의 마찰 속에서 스스로를 브랜딩한 도시 사례다. 비록 기존 공간의 원주민들에 대한 폭력적 배제와 외면에 대한 사회적 문제는 남아있지만, 이들에 대한 기억과 서사에 대한 공간전략은 교훈으로 삼을 만하다.

따라서 우리는 이제 도시계획의 패러다임을 근본적으로 바꿔야 한다. 정량화된 인구 밀도와 용도지구의 격자 위에 완전무결한 도시를 꿈꿀 것이 아니라, 감정과 기억, 갈등과 수용이 공존하는 다층적 공간을 만들어 나가 것으로 인식의 전환이 필요하다.

오늘날 도시계획은 근본적인 전환을 요구받고 있다. 우리는 오랫동안 인구 밀도, 용적률, 용도지구 등의 정량적 지표를 기준으로 도시를 설계해 왔으며, 도시를 하나의 기계 장치처럼 관리하고 통제 가능한 공간으로 여겨 왔다. 하지만 이제는 도시를 보다 유기적인 존재로, 감정과 기억, 갈등과 수용이 중첩되는 복합적인 생명체로 인식해야 할 시점이다. 이러한 인식의 전환을 뒷받침하기 위해, 도시계획은 다섯 가지 핵심 방향으로 구체화될 수 있다.

첫째, 도시계획은 주민의 삶과 기억을 반영하는 방식으로 전환되어야 한다. 일본 요코하마시의 사례는 이를 잘 보여 준다. 이 도시는 재개발을 앞두고 지역 주민, 예술가, 역사학자들이 함께 '기억의 지도'를 제작했다. 지도에는 오래된 골목의 이름, 전쟁 당시 피난 경로, 가족사진 속 배경이 된 장소 등 개인의 사적인 기억들이 중첩되어 있다. 이 과정은 도시의 물리적 구조를 넘어서, 사람들의 삶이 깃든 의미를 계획에 담아내는 시도였으며, 결국 일부 장소는 철거 대상에서 보존 대상으로 전환되기도 했다. 도시공간은 단순한 기능의 집합체가 아니라, 기억의 무대라는 사실이 이 사례를 통해 드러난다.

둘째, 도시 안의 갈등을 회피하거나 억누르기보다, 공공적으로 드러내고 조정하는 계획 구조가 필요하다. 독일 베를린의 템펠호프 공항 부지 활용 논쟁은 대표적인 사례다. 대규모 개발계획에 대해 시민들은 '이 공간은 누구의 것인가'라는 질문을 제기하며, 시민 주도적 공론장을 만들어 냈고, 결국 주민투표를 통해 개발계획은 철회되었다. 현재 이 부지는 누구나 접근 가능한 초원으로 활용되며, 난민 임시거주지, 커뮤니티 정원, 자전거 경주장 등으로 다양하게 쓰이고 있다. 이처럼 도시의 갈등은 제거의 대상이 아니라, 민주주의와 공공성을 실현하는 과정이 될 수 있다.

셋째, 감정과 정서를 도시설계에 반영하는 관점이 필요하다. 런던에서 진행된 'Happy City' 프로젝트는 삶의 질과 행복을 중심으로 한 도시정책의 패러다임 전환 운동으로 도시가 사람에게 어떤 정서적 경험을 주는지를 정량화하려는 시도였다. 찰스 몽고메리(Charles Montgomery)가 주창한 개념과 밀접한 연관이 있는데, 그는 저서 『Happy City: Transforming Our Lives Through Urban Design』(2013)을 통해, 도시의 물리적 구조가 사람들의 정서, 사회적 관계, 건강, 궁극적으로 '행복'에 어떤 영향을 미치는지를 통합적으로 조명하였다. 시민들이 특정 장소에서 느끼는 안정감, 행복, 소외감 등을 데이터화하고, 이를 기반으로 조명, 거리 설계, 녹지 배치 등을 조정했다. 도시가 '걷기 좋은가', '편리한가'만을 따질 것이 아니라, '사람들에게 어떤 감정을 불러일으키는가'를 함께 고민해야 한다는 것이다. 이는 도시를 하나의 정서적 지형(Emotional Landscape)으로 받아들이는 새로운 시각이다.

넷째, 도시계획은 일정 부분에서 느슨함과 자율성을 허용하는 공간 구조를 수용해야 한다. 서울의 성미산 마을은 재개발 대신 대안적 방식으로 마을을 보존하고 발전시킨 공동체운영이 대표적 예이다. 주민들이 스스로 리모델링하고, 공터를 공유부엌, 마을카페, 커뮤니티 공간으로 재구성한, 국가나 자본이 주도하는 재개발이 아닌, 주민 주도의 '자치적 도시재생'의 대표 모델로 평가받는 사례다. 마찬가지로 베를린에서는 시민들이 폐건물 옆 공터를 무단으로 점유해 공동 정원으로 사용했으며, 이후 시 당국이 이를 인정하고 제도화했다. 이처럼 도시의 여백은 시민의 자율성과 창의성이 발휘될 수 있는 실험의 장이 될 수 있다. 모든 공간을 설계자나 행정이 통제하는 방식에서 벗어나, 사용자가 의미를 만들어가는 '느슨한 도시'가 필요하다.

다섯째, 우리는 도시를 완벽하게 설계 가능한 대상으로 보지 않고, 불완전한 상태로 끊임없이 진화하는 유기체로 이해해야 한다. 바르셀로나의 '슈퍼블록(Superilla)' 프로젝트는 이러한 전환의 가능성을 보여 준다. 차량을 제한하고, 보행자 중심의 공공공간을 조성하는 이 프로젝트는 처음부터 일괄적으로 시행되지 않았다. 시범 구역에서 주민들의 반응을 살피고, 반발이 있으면 조정하거나 유예하며 점진적으로 확장되었다. 이는 도시계획이 하나의 '정답'을 추구하는 기술적 작업이 아니라, 시민과 함께 만들어 가는 사회적 실험임을 보여 주는 사례다.

결국 도시계획은 단순한 공간 설계가 아니다. 그것은 기억을 복원하고, 갈등을 조정하며, 감정을 수용하고, 자율성을 허용하는 행위이다. 도시를 살아 있는 존재로 인식하는 순간, 계획은 더 이상 정해진 답을 따르는 작업이 아니라, 계속해서 수정되고 재해석되어야 할 열린 과정이 된다. 이 다섯 가지 사례는 우리가 도시를 어떻게 이해하고, 누구의 목소리를 계획에 반영할 것인가에 대한 깊은 윤리적 질문을 던진다. 그리고 그것은 곧 우리가 어떤 도시에서 살고 싶은가에 대한 우리의 선택이기도 하다.

그것은 인간이 신이 될 수는 없기 때문이다.

"Men ought not to play God before they learn to be men, and after they have learned to be men they will not play God." - Paul Ramsey

참고문헌 및 출처 정리

1. 학술 문헌 및 이론 자료
Certeau, M. de. (1984). *The Practice of Everyday Life*. University of California Press.
Harvey, D. (1989). *The Condition of Postmodernity*. Blackwell.
Lefebvre, H. (1991). *The Production of Space*. Blackwell.
Foucault, M. (1977). *Discipline and Punish: The Birth of the Prison*. Pantheon Books.
Lynch, K. (1960). *The Image of the City*. MIT Press.
Tuan, Y.-F. (1977). *Space and Place: The Perspective of Experience*. University of Minnesota Press.
Relph, E. (1976). *Place and Placelessness*. Pion.
Proshansky, H. M., Fabian, A. K., & Kaminoff, R. (1983). "Place-identity: Physical world socialization of the self". *Journal of Environmental Psychology*, 3(1), 57-83.
Rapoport, A. (1977). *Human Aspects of Urban Form*. Pergamon Press.
Gans, H. J. (1962). *The Urban Villagers*. Free Press.

2. 영화 및 드라마(본 장면 인용 포함)
Coogler, R. (Director). (2018). *Black Panther* [Film]. Marvel Studios.
Mendes, S. (Director). (2012). *Skyfall* [Film]. Metro-Goldwyn-Mayer; Columbia Pictures.
Nolan, C. (Director). (2010). *Inception* [Film]. Warner Bros. Pictures.
Nolan, C. (Director). (2012). *The Dark Knight Rises* [Film]. Warner Bros. Pictures.
Otomo, K. (Director). (1988). *Akira* [Animated film]. TMS Entertainment.
Bong, J. H. (Director). *Parasite* [기생충(Film)]. (2019). Barunson E&A; CJ Entertainment.
Phillips, T. (Director). (2019). *Joker* [Film]. Warner Bros. Pictures.
Shyamalan, M. N. (Director). (2000). *Unbreakable* [Film]. Touchstone Pictures.

Teo, W. K. (Director). (1994). *Chungking Express (重慶森林)* [Film]. Jet Tone Production.
Otomo, K. (Director). (1995). *Ghost in the Shell* [Film]. Production I.G.
Liebesman, J. (Director). (2014). *Teenage Mutant Ninja Turtles* [Film]. Paramount Pictures.
Blomkamp, N. (Director). (2013). *Elysium* [Film]. TriStar Pictures.
Chapman, B. & Adamson, A. (Directors). (1998). *The Prince of Egypt* [Animated film]. DreamWorks Animation.

3. 도시 정책 및 재생 사례(해외)

Derek S. Hyra, The New Urban Renewal: The Economic Transformation of Harlem and Bronzeville (2012) - 할렘 및 시카고 브론즈빌 재개발 분석 사례
Edward Goetz, "Gentrification in Black and White" (Urban Studies, 2011)
Jane Jacobs, The Death and Life of Great American Cities (1961) - 도시 재개발과 커뮤니티 파괴 비판
Derek S. Hyra, The New Urban Renewal - 시카고 사례 포함
Chicago Studies: Reclaiming the Inner City… - 카브리니그린 공공주택 분석
Robert E. Park & Ernest W. Burgess, The City (1925) - 시카고학파 도시 생태론
Eduardo Graells-Garrido et al., "A city of cities: Measuring how 15-minutes urban accessibility…" (2021) - 인프라 접근성과 도시다양성 분석
The Globalized City (Moulaert, Rodriguez & Swyngedouw, 2005) - 유럽 도시 재구조와 사회적 분극 사례 중 베를린 포함
Ackbar Abbas, Hong Kong: Culture and the Politics of Disappearance (1997) - 홍콩 문화·정치적 공간 비판
Stephen Teo, Hong Kong Cinema: The Extra Dimensions (1997) - 영화와 도시감각 분석
Sidney Cheung, "From Street Hawkers to 'Cultural Heritage'…" (International Journal of Heritage Studies, 2012) - 거리문화와 상업화
Beng Huat Chua, Singapore as Model: Planning Innovations… (2011) - 국가도시 모델 분석
Wei Wei Yeo, "The Vanishing Kampongs: Memory and Displacement in Singapore" (Asian Journal of Urban Studies, 2018)

빌런의 도시학

ⓒ 이재혁 · 정동훈, 2025

초판 1쇄 발행 2025년 11월 21일

지은이	이재혁 · 정동훈
펴낸이	이기봉
편집	좋은땅 편집팀
펴낸곳	도서출판 좋은땅
주소	서울특별시 마포구 양화로12길 26 지월드빌딩 (서교동 395-7)
전화	02)374-8616~7
팩스	02)374-8614
이메일	gworldbook@naver.com
홈페이지	www.g-world.co.kr

ISBN 979-11-388-4964-7 (03350)

- 가격은 뒤표지에 있습니다.
- 이 책은 저작권법에 의하여 보호를 받는 저작물이므로 무단 전재와 복제를 금합니다.
- 파본은 구입하신 서점에서 교환해 드립니다.